BIRGIT IRGANG

Ich bring' was mit

70 KULINARISCHE GESCHENKE AUS DER EIGENEN KÜCHE

ALLE
REZEPTE AUC
glutenf
VIELE

Gestaltung, Satz und Herstellung: Johanna Wack
Lektorat: Hildegard Brendel, Karla Seedorf
Druck: Florjančič Tisk d.o.o., Slowenien

ISBN 978-3-86470-395-9

Die DZG führt das ‚Glutenfrei-Symbol' als eingetragenes Warenzeichen in Deutschland und vergibt es an nationale Hersteller und Vertriebe glutenfreier Lebensmittel.

Bibliografische Information der Deutschen Nationalbibliothek:
Die Deutsche Nationalbibliothek verzeichnet diese Publikation in der Deutschen Nationalbibliografie; detaillierte bibliografische Daten sind im Internet über <http://dnb.d-nb.de> abrufbar.

BÖRSEN MEDIEN
AKTIENGESELLSCHAFT

Postfach 1449 • 95305 Kulmbach • Tel: +49 9221 9051-0 • Fax: +49 9221 9051-4444
E-Mail: buecher@boersenmedien.de • www.books4success.de • www.facebook.com/books4success

BIRGIT IRGANG

Ich bring' was mit

70 KULINARISCHE GESCHENKE AUS DER EIGENEN KÜCHE

ALLE REZEPTE AUCH glutenfrei, VIELE vegan

BOOKS4SUCCESS

Inhalts-verzeichnis

Über das Schenken

Bei „kulinarischen Geschenken" und dem Versprechen „Ich bring' was mit!" denkt manch einer vielleicht an eine Flasche Wein oder Sekt bzw. an eine Schachtel Pralinen. Ja, auch so etwas können Sie natürlich zu Einladungen mitbringen oder an Geburtstagen verschenken. Aber besonders einfallsreich ist das nicht. Darüber hinaus gibt es eine Fülle unterschiedlichster Ideen, die Sie in Ihrer Küche kreativ umsetzen können, um Ihren Freunden, Bekannten und Verwandten eine Freude zu bereiten. Die Bandbreite reicht von der einfachen Erdbeermarmelade nach Omas Rezept bis hin zu aufwendigen gefüllten Pralinen aus der eigenen Herstellung – alles mit Liebe selbst gemacht und deutlich persönlicher als die Flasche Wein aus dem Supermarkt.

IN DIESEM BUCH HABE ICH 70 REZEPTE FÜR SIE ZUSAMMENGESTELLT. OB SÜß ODER HERZHAFT, SCHNELL ZUBEREITET ODER RAFFINIERT, OB FÜR KOCHANFÄNGER ODER ERFAHRENE HOBBYBÄCKER, LANG HALTBAR ODER ZUM SOFORTIGEN VERZEHR – FÜR JEDEN IST ETWAS DABEI. UND BEWUNDERUNG WERDEN SIE FÜR IHRE KÖSTLICHEN KREATIONEN UND IHR KULINARISCHES GESCHICK EBENFALLS ERNTEN.

Viele der hier präsentierten Geschenke sind lange haltbar. Das hat einen großen Vorteil: Wenn Sie einmal spontan eingeladen sind, müssen Sie nur in Ihrem Vorrat nachsehen und können sich dann ein Glas Bärlauch-Pesto oder Rote Grütze greifen – schon haben Sie ein Mitbringsel. Falls Sie hingegen lange im Voraus eingeladen werden und Zeit haben, können Sie das Herz der Gastgeber vielleicht mit Walnuss-Marzipan-Pralinen oder Rillettes erfreuen. Und wenn bei einer Party Beiträge zum kalten Büffet oder anlässlich einer Nachmittagseinladung Backwaren gewünscht werden, bieten die entsprechenden Kapitel in diesem Buch Ihnen ebenfalls allerlei fantasievolle Anregungen.

Das kulinarische Geschenk ist das Eine, und im Grunde spricht nichts dagegen, es in einem einfachen Schraubglas oder auf einem Pappteller mitzubringen.

DOCH NOCH SCHÖNER IST ES NATÜRLICH, WENN AUCH DIE VERPACKUNG ETWAS HERMACHT!

Sammeln Sie hübsch geformte Gläser und Flaschen, ausgefallene Teller und Schalen, interessante Verpackungen, bunte Stoffe, Bänder, Schleifen und alles andere, was Sie verwenden können, um Ihre kulinarischen Geschenke und Mitbringsel ansprechend in Szene zu setzen. Sie müssen kein besonderes Basteltalent haben: Schon ein schönes Etikett auf Ihrem Glas Feigensenf oder eine hübsch geschwungene Flasche für den Schokolikör wirken ansprechend. Und falls Sie gerne gestalten und dekorieren – umso besser: Ihrem Einfallsreichtum sind keine Grenzen gesetzt!

Noch eine Idee: Was halten Sie davon, thematische Präsentkörbe zusammenzustellen? Wenn Sie beispielsweise selbst gemachtes Pesto verschenken möchten, können Sie das Glas in ein schönes Körbchen stellen, eine Packung Spaghetti und ein Stück Parmesan dazulegen. Und Ihr Käsegebäck kommt in einer hübschen Keramikschale sowie mit einer passenden Flasche Rotwein ebenfalls besser zur Geltung.

Über dieses Buch

In diesem Buch finden Sie eine Vielfalt an kulinarischen Geschenken, die Sie selbst in Ihrer eigenen Küche herstellen und zu den unterschiedlichsten Anlässen mitbringen oder verschenken können. Das große Zusatzplus: Meine Rezepte können Sie auch nutzen, wenn der Beschenkte sich glutenfrei ernähren muss, unter Laktoseintoleranz leidet und/ oder vegan lebt. Sie sind geschmacklich rundum überzeugend – auch für Menschen, die keine Ernährungseinschränkungen haben. Aus diesem Grund ist das Buch auch für all jene eine Fundgrube, die selbst beispielsweise an Zöliakie erkrankt sind und Freunde mit Selbstgemachtem beschenken wollen. Die meisten Rezepte sind so zusammengestellt, dass sie ohne Gluten und Laktose auskommen, sodass Sie anhand der Zutaten gar nicht merken, dass auch Personen mit diversen Unverträglichkeiten mit berücksichtigt worden sind.

Die Rezepte habe ich alle selbst kreiert, erprobt, verfeinert, und zu Papier gebracht; auch viele Fotos stammen von mir. Meine Kreationen sind vielfältig, alltagstauglich, erfordern keine Spezialgeräte und in der Regel auch keine ausgefallenen Zutaten.

Von einigen Ausnahmen abgesehen sind sie auch für weniger erfahrene Köche problemlos zuzubereiten.

Das Buch bietet einerseits zahlreiche Rezepte für haltbare kulinarische Geschenke, die Sie im Voraus zubereiten können und die der Beschenkte eine Weile aufbewahren kann. Insbesondere im hinteren Teil des Buches finden Sie außerdem Ideen für Beiträge zu einem kalten Büffet oder Mitbringsel zur Kaffeetafel, die meist für den direkten Verzehr gedacht und – mit Ausnahme der meisten Plätzchen – oft nicht so lange haltbar sind.

INSGESAMT HABE ICH AUF ALLGEMEIN BEKANNTE REZEPTE WIE APFELMUS ODER HIMBEERMARMELADE VERZICHTET: SIE SOLLEN HIER JA NEUE ANREGUNGEN FINDEN. UM MÖGLICHST VIELE VERSCHIEDENE IDEEN UNTERZUBRINGEN, HABE ICH AUS DEN MEISTEN KATEGORIEN NUR EIN ODER ZWEI KREATIONEN AUSGEWÄHLT. SO FINDEN SIE IN DIESEM BUCH UNTER ANDEREM BEISPIELHAFTE REZEPTE FÜR WÜRZSOßEN, CHUTNEYS, PESTOS, WÜRZÖLE, MARMELADEN, BACKMISCHUNGEN, KUCHEN IM GLAS, MÜSLI, MÜSLIRIEGEL, SÜßE SCHOKO- UND FRUCHTAUFSTRICHE, TRÜFFEL,

PRALINEN, KONFEKT, ENERGIEKUGELN, PIKANTES GEBÄCK, CHIPS, LIKÖRE, SIRUP, HERZHAFTE AUFSTRICHE, SALATE, TORTEN, KUCHEN, CUPCAKES, CAKEPOPS, MUG CAKES, BROWNIES UND PLÄTZCHEN.

Natürlich kann jede Torte, jeder Kuchen und jedes Kleingebäck als Mitbringsel oder Geschenk dienen. Deshalb finden Sie für diese Bereiche in meinem Buch jeweils nur einige wenige exemplarische Beispiele und Anregungen. Dasselbe gilt für alle anderen Kategorien wie beispielsweise die ganze Bandbreite an selbst gemachten Marmeladen: Auch hier habe ich nur drei ausgefallene Varianten herausgegriffen – doch selbstverständlich können Sie Ihrer Fantasie bei der Zusammenstellung der Früchte freien Lauf lassen.

Wenn Sie weitere Anregungen für „verschenkbare" Backwaren oder glutenfreie Kreationen suchen, werden Sie auch in meinen Büchern „Genuss ohne Gluten" und „Garantiert glutenfrei genießen" fündig. Diese bieten eine Vielfalt von 100 bzw. 90 Rezeptideen zum Kochen und Backen – von Amaretto-Trüffel bis Zucchinibrot und von Apfelstrudel bis Zitronentorte.

UM IHNEN DIE AUSWAHL ZU ERLEICHTERN, SIND DIE REZEPTE IN DIESEM BUCH NACH RUBRIKEN GEORDNET. DARÜBER HINAUS GIBT ES HINTEN IM BUCH EIN ALPHABETISCHES REZEPTVERZEICHNIS ZUM SCHNELLEREN AUFFINDEN UND EINE KLEINE ZUSAMMENSTELLUNG VON EMPFEHLUNGEN FÜR UNTERSCHIEDLICHE ANLÄSSE UND GEGEBENHEITEN. AUßERDEM IST JEDES REZEPT MIT EINER ALLERGEN-KENNZEICHNUNG VERSEHEN, UND IM ANHANG FINDEN SIE EINE ALLERGENTABELLE ALS ÜBERSICHT. SIE MÖCHTEN EINEN NUSSALLERGIKER BESCHENKEN? KEIN PROBLEM, DIE TABELLE VERRÄT IHNEN AUF EINEN BLICK, WELCHE REZEPTE GEEIGNET SIND. ODER WOLLEN SIE LAKTOSEFREIE PRALINEN HERSTELLEN? HIER WERDEN SIE FÜNDIG. UND GLUTENFREI SIND SOWIESO ALLE REZEPTE.

Da ich selbst unter Zöliakie und Milchzuckerunverträglichkeit leide, mich also ohne Gluten und Laktose ernähren muss, habe ich besonderen Wert darauf gelegt, die Rezepte entsprechend zusammenzustellen, sodass sie auch für Zöliakiekranke, bei diversen Allergien und Nahrungsmittelunverträglichkeiten geeignet sind bzw. leicht entsprechend angepasst werden können. Aber selbst wenn Sie in dieser Hinsicht keine Einschränkungen haben, kommen Sie selbstverständlich voll auf Ihre Kosten, da in den seltenen Fällen, in denen es überhaupt erforderlich ist, neben den speziellen Zutaten auch die „normalen" Alternativen angegeben sind.

Ein paar

Es war mir darüber hinaus wichtig, keine Spezialgeräte zu verwenden, wie sie beispielsweise für die Herstellung von Pflaumenwein oder das Backen von Donuts erforderlich sein könnten. Sie können meine Rezepte in aller Regel mit Ihrer herkömmlichen Küchenausrüstung umsetzen. Auch besonders ausgefallene Zutaten habe ich zu vermeiden versucht: Sie bekommen die aufgeführten Zutaten im gut sortierten Lebensmittelmarkt oder Bioladen.

AUS RÜCKSICHT AUF ZÖLIAKIEKRANKE, DIE AUF GLUTENFREIE NAHRUNG ANGEWIESEN SIND, WERDEN GANZ VEREINZELT SPEZIELLE ZUTATEN WIE

Worte zu den Rezepten

GUARKERNMEHL ODER KOKOSMEHL EMPFOHLEN, DIE SICH ABER IN DER REGEL AUCH ERSETZEN LASSEN UND BEI EINER GLUTENHALTIGEN ZUBEREITUNG MEIST NICHT ERFORDERLICH SIND, WIE SIE DEN ENTSPRECHENDEN HINWEISEN BEI DEN BETREFFENDEN REZEPTEN ENTNEHMEN KÖNNEN.

Vielleicht überrascht Sie bei meinen Rezepten die geringe Zuckermenge: Ich mag es nicht so süß. Deshalb verwende ich in der Regel mindestens ein Viertel weniger Zucker, als in herkömmlichen Rezepten angegeben ist. Falls Sie es süßer mögen, können Sie natürlich die Zuckermenge entsprechend erhöhen.

Sofern nicht anders angegeben, backe ich mit Heißluft. Doch jeder Backofen bäckt etwas anders, es kann also sein, dass Sie die Backzeiten und Temperaturen ein wenig an Ihre Gegebenheiten anpassen müssen.

Und noch ein Tipp: Lesen Sie sich das Rezept vor dem Kochen oder Backen einmal ganz durch. Sonst fällt Ihnen vielleicht zu spät auf, dass der Teig eigentlich zwischendurch eine Stunde ruhen oder das aromatisierte Öl zwei Wochen lang durchziehen sollte.

(!) Wenn Sie möchten, dass Ihre kulinarische Kreation glutenfrei ist, sollten Sie stets darauf achten, dass tatsächlich alle Zutaten, die Sie verwenden, wirklich glutenfrei sind. So ist beispielsweise bei Backpulver, Sahnesteif, Senf und Gewürzmischungen besondere Vorsicht geboten. Solche „üblichen Verdächtigen“ unter den Zutaten sind mit einem (!) gekennzeichnet.

Austausch von Zutaten

Es kann vorkommen, dass Sie nicht alle angegebenen Zutaten vorrätig haben oder eine Schokoladen- bzw. Nuss-Sorte durch eine andere ersetzen wollen. Probieren Sie es einfach aus! Allerdings ist es möglich, dass sich dadurch die Backeigenschaften, die enthaltenen Allergene, die Konsistenz oder der Geschmack ändern. Wenn Sie beispielsweise statt Zartbitterschokolade Vollmilchschokolade verwenden, sollten Sie bedenken, dass diese Laktose und Milch enthält und außerdem deutlich süßer ist.

In einigen wenigen Rezepten ist (glutenfreies) Mehl als Zutat angegeben. Wenn Sie sich nicht glutenfrei ernähren müssen, können Sie hier einfach normales Weizenmehl verwenden. Andernfalls bietet sich die Verwendung einer glutenfreien Fertigmehlmischung an, wenn Sie nicht auf Ihren ganz persönlichen Lieblingsmix zurückgreifen wollen (beispielsweise 100 g Reismehl, 100 g Kichererbsenmehl, 50 g Kartoffelstärke und als Bindemittel 1 TL Guarkernmehl).

Meistens ist es für den Geschmack nicht entscheidend, ob Sie Margarine oder Butter verwenden. Bio-Margarine hat (gemessen an der CO_2-Emission) einen deutlich positiveren ökologischen Fußabdruck als Butter. Da sie außerdem laktosefrei ist, verwende ich lieber Margarine. Aber selbstverständlich können Sie sie in allen Rezepten durch Butter ersetzen.

Ähnliches gilt für andere Milchprodukte: Wenn Sie wie ich unter Laktoseintoleranz leiden, können Sie Sahne, Quark, Frischkäse, Joghurt, Milch und Ähnliches immer durch die jeweiligen laktosefreien Versionen ersetzen, falls Sie diese vertragen, oder milchfreie Ersatzprodukte verwenden.

Sind bei einem Rezept als Zutaten Zartbitterschokolade und Kokosfett oder Margarine angegeben, die zusammen geschmolzen werden sollen, können Sie alternativ auch Zartbitterkuvertüre verwenden.

Statt Vanillezucker nehme ich gerne das ausgekratzte Mark von Vanilleschoten. Doch Sie können auch Bourbon-Vanillezucker, herkömmlichen Vanillezucker oder Vanilleextrakt wählen.

Allergenkennzeichnung und Ersatzmöglichkeiten

WENN SIE EIN REZEPT OHNE EIN BESTIMMTES ALLERGEN ZUBEREITEN WOLLEN, ACHTEN SIE BITTE DARAUF, DASS WIRKLICH ALLE VERWENDETEN ZUTATEN DIESES ALLERGEN NICHT ENTHALTEN! SÄMTLICHE REZEPTE IN DIESEM BUCH SIND GLUTENFREI. DARÜBER HINAUS IST BEI JEDEM EINZELNEN REZEPT ANGEGEBEN, OB ES LAKTOSE, MILCH, NÜSSE ODER EIER ENTHÄLT UND OB ES VEGETARISCH ODER VEGAN IST.

glutenfrei Das Klebereiweiß Gluten, das in allen Weizensorten (einschließlich Dinkel) sowie in Roggen und Gerste enthalten ist, kommt in diesen Rezepten nicht vor. Durch Verunreinigung sind auch Hafer und Buchweizen nur dann garantiert glutenfrei, wenn sie aus einer entsprechend kontrollierten Produktion stammen.

laktosefrei Es ist kein Milchzucker enthalten. Hartkäse und Feta sind in der Regel laktosefrei, sodass Rezepte, bei denen solcher Käse, aber kein anderes Milchprodukt verwendet wird, als laktosefrei gekennzeichnet sind. Selbstverständlich können fast alle Rezepte durch Verwendung laktosefreier Milchprodukte oder alternativer Lebensmittel auch laktosefrei hergestellt werden. Kaufen Sie dazu die laktosefreien Varianten, denen das Enzym Laktase zugesetzt ist, oder alternativ milchfreie Ersatzprodukte wie Sojajoghurt, Seidentofu, Bitterschokolade oder Mandelmilch.

milchfrei Es sind keinerlei Milchprodukte enthalten. Auch hier gilt, dass Milchprodukte im Zweifelsfall meist durch milchfreie Ersatzprodukte ausgetauscht werden können.

nussfrei Das Rezept enthält keine der aus allergologischer Sicht kennzeichnungspflichtigen Nüsse – also weder Haselnüsse noch Mandeln, Walnüsse, Paranüsse, Macadamianüsse, Pekannüsse, Cashewkerne oder Pistazien. Kokos wird von Nussallergikern meist vertragen und kann gelegentlich allergene Nüsse ersetzen. Auch Erdmandeln, Sonnenblumen-, Pinien- oder Kürbiskerne können unter Umständen als Ersatz dienen. Meist reagieren Nussallergiker nicht auf alle allergenen Nüsse: Wer also beispielsweise Mandeln verträgt, aber keine Haselnüsse, kann im Zweifelsfall die Haselnüsse durch Mandeln ersetzen.

eifrei Alle Rezepte ohne Eier – klar. Unter Umständen kann man statt Eiern pflanzlichen Ei-Ersatz verwenden, den es fertig zu kaufen gibt. Bei Backwaren können einzelne Eier auch durch gemahlene Chia-, Floh- oder Leinsamen ersetzt werden, die Sie zuvor in Wasser aufquellen lassen, sodass ein zähflüssiges Gel entsteht.

vegetarisch Das Rezept enthält weder Fleisch noch Fisch. Auch Gelatine, Schmalz, Hühnerbrühe und Ähnliches wird nicht verwendet.

vegan Rezepte, die komplett ohne tierische Erzeugnisse auskommen, also auch ohne Eier, Milchprodukte oder Honig. Viele Rezepte können Sie mithilfe von Ersatzprodukten auch vegan abwandeln, indem Sie beispielsweise Sojasahne, Kokos-, Mandel- oder Reismilch, pflanzlichen Ei-Ersatz oder statt Honig Ahornsirup bzw. Agavendicksaft verwenden.

AB SEITE 184 FINDEN SIE EINE TABELLE, IN DER ÜBERSICHTLICH ALLE ALPHABETISCH SORTIERTEN REZEPTE MIT DEN ZUGEHÖRIGEN ALLERGENANGABEN ZUSAMMENGESTELLT SIND. AUßERDEM IST IN DIESER TABELLE VERMERKT, WELCHE REZEPTE VEGETARISCH BEZIEHUNGSWEISE VEGAN SIND.

Pikant &

haltbar

gluten-frei · laktose-frei · nuss-frei · eifrei · vege-tarisch

So wird's haltbar!

Wird das Pesto nicht auf einmal aufgegessen, sollte wieder etwas Öl auf den Rest im Glas gegossen werden.

Rucola-Pesto

RUCOLA (AUCH RAUKE GENANNT) WIRD VOR ALLEM ALS SALAT GEGESSEN, MACHT SICH MIT SEINEM HERB-NUSSIGEN GESCHMACK ABER AUCH ALS PESTO GANZ HERVORRAGEND!

- 125 g Rucola
- 3 Knoblauchzehen
- 40 g Sonnenblumenkerne
- 50 g Parmesan
- 250 ml Olivenöl + 50 ml zum Bedecken
- ½ TL Salz

1. Rucola waschen, dicke Stiele entfernen.
2. Knoblauch schälen, fein würfeln und zusammen mit den Sonnenblumenkernen in einer Pfanne ohne Fett leicht anrösten. Den Käse fein reiben.
3. Rucola, Knoblauch, Sonnenblumenkerne und Olivenöl zusammen pürieren. Parmesan unterrühren und mit Salz abschmecken.
4. Das Pesto in heiß ausgespülte Gläser füllen, mit einer Schicht Olivenöl bedecken, verschließen und im Kühlschrank aufbewahren.

EXTRA-TIPP: Dieses Pesto bittert unter Umständen ein wenig nach. Wer es weniger herb mag, verwendet möglichst nur jüngere Rucola-Blätter.

gluten-frei · laktose-frei · nuss-frei · eifrei · vege-tarisch

So wird's haltbar!

Wird das Pesto nicht auf einmal aufgegessen, sollte wieder etwas Öl auf den Rest im Glas gegossen werden.

Pesto rosso

PESTO MUSS NICHT IMMER GRÜN SEIN! DIESES MILDE TOMATEN-WALNUSS-PESTO IST ROT UND SCHMECKT KÖSTLICH. MIT EINER ÖLSCHICHT BEDECKT, HÄLT ES SICH – WIE JEDES PESTO – IM KÜHLSCHRANK MEHRERE WOCHEN.

- 60 g Walnüsse oder Sonnenblumenkerne
- 90 g Parmesankäse
- 120 g getrocknete Tomaten in Öl, leicht abgetropft
- 10 g frische Basilikumblätter
- 180 ml Olivenöl
- Salz und Pfeffer nach Geschmack

1. Die Walnüsse oder Sonnenblumenkerne ohne Fett in einer Pfanne rösten, anschließend grob hacken.
2. Den Käse fein reiben.
3. Tomaten, Basilikum und Olivenöl im Mixer oder mit dem Pürierstab pürieren. Die Walnüsse oder Sonnenblumenkerne, den Käse, Salz und Pfeffer hinzufügen und noch einmal pürieren.
4. Das Pesto in heiß ausgespülte Gläser füllen, mit einer Schicht Olivenöl bedecken, verschließen und im Kühlschrank aufbewahren.

SO SCHMECKT'S AUCH! Die Walnüsse bzw. Sonnenblumenkerne können wahlweise auch durch Mandeln oder Pinienkerne ersetzt werden.

Wer einen kräftigeren Geschmack bevorzugt, kann eine kleine zerdrückte Knoblauchzehe unter das Pesto rühren.

So wird's haltbar!

Wird das Pesto nicht auf einmal aufgegessen, sollte wieder etwas Öl auf den Rest im Glas gegossen werden. Dieses Pesto eignet sich auch gut zum Einfrieren.

Bärlauch-Pesto

BÄRLAUCH IST EIN WILD WACHSENDER FRÜHLINGSBOTE, DER IM APRIL WÜRZIGES AROMA UND FRISCHE IN DIE KÜCHE BRINGT. WIRD DER BÄRLAUCH ZU DIESEM LECKEREN PESTO VERARBEITET, KANN MAN SICH DAS GANZE JAHR ÜBER DARAN ERFREUEN.

200 g Bärlauch

200 g Walnüsse oder Sonnenblumenkerne

100 g Parmesankäse

300 ml Olivenöl + mehr zum Bedecken

2 gestr. EL Salz

Pfeffer

etwas Trüffelöl (optional)

1. Sofern nötig, den Bärlauch verlesen, waschen und sehr gut trocknen lassen.
2. Die Walnüsse oder Sonnenblumenkerne ohne Fett in einer Pfanne rösten, anschließend grob hacken.
3. Den Käse fein reiben.
4. Bärlauch und Walnüsse oder Sonnenblumenkerne und einen Teil des Olivenöls in einen Mixer, eine Küchenmaschine oder ein hohes Gefäß füllen und gemeinsam pürieren. Nach und nach das restliche Öl, Salz und Pfeffer hinzugießen.
5. Den Käse unterrühren.
6. Das Pesto in heiß ausgespülte Gläser füllen, mit einer Schicht Olivenöl bedecken, verschließen und im Kühlschrank aufbewahren.

SO SCHMECKT´S AUCH! Die Walnüsse bzw. Sonnenblumenkerne können wahlweise auch durch Mandeln oder Pinienkerne ersetzt werden.

gluten-frei
laktose-frei
milch-frei
nuss-frei
eifrei

Rillettes

DIESE FRANZÖSISCHE SPEZIALITÄT ÄHNELT DER DEUTSCHEN „POTTSUSE" UND IST EIN WÜRZIGER, LANGE HALTBARER BROTAUFSTRICH MIT FLEISCH.

6-7 GLÄSER À 250 ML

- 500 g Speck- oder Schinkenwürfel (!) (nicht mager)
- 1 kg Schweinenacken, gewürfelt
- 400–600 ml Wasser
- 5 Lorbeerblätter
- 1 EL Thymian
- 1 TL Oregano
- 250 g Schweineschmalz
- Salz und Pfeffer nach Geschmack

1. Die Speck- oder Schinkenwürfel in einem großen Topf auslassen.
2. Die Fleischwürfel hinzufügen und kurz anbraten. Dann die Hälfte des Wassers, Lorbeerblätter und Gewürze hinzufügen.
3. Aufkochen, danach auf kleiner Stufe zugedeckt 2 bis 2½ Stunden köcheln lassen. Währenddessen gelegentlich umrühren. Wenn das Wasser verkocht ist, die zweite Hälfte des Wassers hinzugießen. Die Lorbeerblätter herausfischen, das Fleisch stampfen, die Hälfte des Schweineschmalzes hinzufügen und auf kleiner Stufe weitere 2 bis 2½ Stunden köcheln lassen, bis das Fleisch sehr weich ist und zerfällt.
4. Den Backofen auf 100 °C vorheizen. Die zweite Hälfte des Schweineschmalzes schmelzen.
5. Die heiße Rillettes in Gläser füllen und etwas festdrücken. Das Schweineschmalz auf die Fleischmasse gießen.
6. Die Gläser verschließen. Im Backofen 90 Minuten einkochen.

EXTRA-TIPP: Die eingekochte Rillettes ist mehrere Monate haltbar. Wenn sie nicht so lange halten muss, können Sie auf das Einkochen im Backofen verzichten.

gluten-frei laktose-frei nuss-frei eifrei vegetarisch

Almogrote

AUF DEN KANARISCHEN INSELN UND INSBESONDERE AUF LA GOMERA IST DIESER WÜRZIGE KÄSEAUFSTRICH SEHR BELIEBT. DORT WIRD ALMOGROTE IN RESTAURANTS GERNE AUCH ALS VORSPEISE GEREICHT.

250 g kräftiger Ziegenhartkäse oder milder Parmesan

30 g getrocknete Tomaten in Öl, leicht abgetropft

2–4 Knoblauchzehen

1 EL Paprikapulver, edelsüß

Chili nach Geschmack

Pfeffer nach Geschmack

125 ml Olivenöl

1. Den Käse fein reiben.
2. Tomaten, Knoblauch, Käse und Gewürze pürieren. Nach und nach das Olivenöl hinzugießen, sodass eine geschmeidige Creme entsteht.
3. In heiß ausgespülte Gläser füllen, verschließen und im Kühlschrank aufbewahren.

EXTRA-TIPP: Schärfe und Knoblauchgehalt können nach Geschmack variiert werden.

glutenfrei
laktosefrei
milchfrei
nussfrei
eifrei
vegetarisch
vegan

Ketchup

OB ZU GEGRILLTEM FLEISCH, BRATWURST UND POMMES FRITES ODER AUF DEM KINDERTELLER – KETCHUP IST ALS WÜRZSOßE UNGEMEIN BELIEBT. WER DIE ZUTATEN UND INSBESONDERE DIE ENTHALTENE ZUCKERMENGE UNTER KONTROLLE HABEN MÖCHTE, STELLT SICH DAFÜR GERNE MAL SELBST IN DIE KÜCHE!

2–3 FLASCHEN À 500 ML

1 kg Tomaten

3 Zwiebeln

2 Knoblauchzehen

80 ml Weißweinessig

Salz

40 g Zucker

Pfeffer

1 Msp. Nelkenpulver

1 Msp. gemahlene Muskatnuss

1 Msp. Chili oder Cayennepfeffer

1. Die Tomaten mit heißem Wasser übergießen und häuten. Stielansätze entfernen. Würfeln.
2. Zwiebeln und Knoblauch schälen und fein hacken.
3. Tomaten, Zwiebeln, Knoblauch und Essig in einen Topf füllen und aufkochen. Mit Salz, Zucker und den Gewürzen abschmecken. 30 Minuten köcheln lassen.
4. Pürieren und noch heiß in abgekochte Gläser oder Flaschen füllen, verschließen und im Kühlschrank aufbewahren.

gluten-frei
laktose-frei
milch-frei
nuss-frei
eifrei
vege-tarisch
vegan

Feigensenf

DIESE AROMATISCHE KÖSTLICHKEIT SCHMECKT WÜRZIG, FRUCHTIG UND NICHT ZU SÜß. SIE PASST HERVORRAGEND ZU KÄSE, ABER AUCH ZU GRILLGUT ODER RÄUCHERLACHS.

CA. 2 GLÄSER À 250 ML

- 120 g getrocknete Feigen (!)
- 100 ml Orangensaft
- 200 ml Sherry
- 1 Stange Zimt
- 2 EL Weinessig
- Salz und Pfeffer nach Geschmack
- 150 g mittelscharfer Senf

1. Die Feigen 5 Stunden im Orangensaft einweichen. Anschließend den Saft weggießen.
2. Feigen, Sherry und Zimtstange in einen Topf füllen, aufkochen und ohne Deckel 15 Minuten köcheln lassen.
3. Essig, Salz und Pfeffer hinzufügen, kurz köcheln lassen, dann vom Herd nehmen und pürieren.
4. Den Senf unterrühren. Noch warm in heiß ausgespülte Gläser oder Tongefäße füllen, verschließen und im Kühlschrank aufbewahren.

glutenfrei
laktosefrei
milchfrei
nussfrei
eifrei
vegetarisch
vegan

Zucchini-Chutney

CHUTNEYS SIND EIN FESTER BESTANDTEIL DER INDISCHEN KÜCHE. DIESE WÜRZSOßEN KÖNNEN SÜß-SAUER, ABER AUCH SCHARF SEIN UND ENTHALTEN OBST ODER GEMÜSE. DIE HIER VORGESTELLTE VARIANTE MIT ZUCCHINI SCHMECKT KNACKIG, WÜRZIG-SAUER UND HAT EINE ANGENEHME SCHÄRFE.

FÜR 8–10 GLÄSER À 250 ML

1,5 kg gelbe und/oder grüne Zucchini

700 g Zwiebeln

40 g Ingwer

500 ml Kräuteressig (!)

2 EL Senf (!)

250 g Zucker

1½ EL Paprika, edelsüß

1½ EL Chili

1½ EL Curry (!)

2 EL Kartoffelstärke

2 EL Senfkörner, optional

1. Zucchini waschen und in Würfel schneiden. Zwiebeln und Ingwer schälen und fein würfeln.
2. Die restlichen Zutaten in einer Schüssel gut miteinander verrühren, sodass eine Soße entsteht.
3. Alle Zutaten in einen großen Topf füllen, umrühren und zugedeckt 24 Stunden ziehen lassen.
4. Kurz aufkochen, 10 Minuten auf niedriger Stufe köcheln lassen. Die noch heiße Mischung in mit kochendem Wasser ausgespülte Gläser füllen, verschließen und kühl lagern.

glutenfrei · laktosefrei · milchfrei · nussfrei · eifrei · vegetarisch · vegan

Eingelegte Zucchini

ALS SAFTIG-FRISCHE ALTERNATIVE FÜR GEWÜRZGURKEN, ZU GEGRILLTEM ODER GEBRATENEM, ALS BESTANDTEIL VON SALATEN ODER PUR ZWISCHENDURCH …

CA. 7–8 GLÄSER À 500 ML

3 große Zwiebeln

1 Knoblauchzehe

2 kg Zucchini

2 rote Paprikaschoten

1 Chilischote

45 g Salz

1 l Wasser

½ l Essig

300 g Zucker

2 TL Senfkörner

2 TL Kurkuma

1. Zwiebeln und Knoblauch schälen und klein schneiden. Zucchini in dünne Scheiben hobeln oder würfeln. Paprikaschoten und Chilischote fein würfeln.
2. Paprikaschoten, Zwiebeln, Knoblauch, Chilischote und Salz in einem großen Topf mischen und 3 bis 4 Stunden ziehen lassen. Danach den Sud wegschütten.
3. Wasser, Essig, Zucker und Gewürze aufkochen. Zucchini und die Zwiebel-Paprikamischung hinzufügen. Aufkochen, dann 15 bis 20 Minuten köcheln, sodass die Zucchini gar, aber noch bissfest sind.
4. Die noch heiße Mischung in mit kochendem Wasser ausgespülte Gläser füllen, verschließen und kühl lagern.

gluten-frei · laktose-frei · nuss-frei · eifrei · vege-tarisch

Wer es nicht so scharf mag,

nimmt weniger Chilischoten oder lässt sie ganz weg.

Eingelegter Schafskäse

DIESE FARBENFROHE KÖSTLICHKEIT SOLLTE VOR DEM VERZEHR EINE WOCHE DURCHZIEHEN UND IST DANN IM KÜHLSCHRANK 2–3 WOCHEN HALTBAR.

2 GLÄSER À 250 ML

200 g Feta

4 getrocknete Chilischoten, nach Belieben

10 schwarze Oliven ohne Stein nach Geschmack

2 Knoblauchzehen

1 TL getrockneter Thymian

1 TL getrockneter Rosmarin

10 bunte Pfefferkörner

250 ml Olivenöl

1. 2 verschließbare Gläser auskochen und abkühlen lassen.
2. Den Feta würfeln. Die Hälfte der Chilischoten in Ringe schneiden, die andere Hälfte ganz lassen. Oliven und Knoblauchzehen in Scheiben schneiden.
3. Die Zutaten gleichmäßig auf die beiden Gläser verteilen, sodass alles mit Olivenöl bedeckt ist. Dabei die Gläser mehrfach leicht schütteln, damit Luftblasen entweichen können.

EXTRA-TIPP: Wenn Sie frischen Thymian und Rosmarin verwenden, sollten die Zweige nach einer Woche entfernt werden, damit sich der Schafskäse länger hält.

gluten-frei
laktose-frei
milch-frei
nuss-frei
eifrei
vege-tarisch
vegan

Chili-Kräuter-Öl

MIT DIESEM WÜRZIG-SCHARFEN ÖL KÖNNEN SIE SALATE UND NUDELGERICHTE VERFEINERN, GEBRATENES WÜRZEN UND FLEISCH ODER GEMÜSE MARINIEREN.

1 FLASCHE À 300 ML

- 6 getrocknete Chilischoten
- 1 Zweig Thymian, frisch oder getrocknet
- 1 Zweig Rosmarin, frisch oder getrocknet
- 300 ml Olivenöl

1. Eine verschließbare Flasche mit kochendem Wasser ausspülen und abkühlen lassen.
2. Die Hälfte der Chilischoten in feine Streifen schneiden, den Rest ganz lassen.
3. Thymian, Rosmarin und Chili in die Flasche füllen, dann das Olivenöl hineingießen.
4. An einem kühlen, dunklen Ort mindestens 2 Wochen ziehen lassen. Zwischendurch die Flasche gelegentlich leicht schütteln, damit Luftblasen entweichen können.
5. Die Chilis können in der Flasche bleiben – dann wird das Öl nach und nach schärfer, und die Chilis sehen hübsch darin aus. Alternativ die festen Bestandteile herausfiltern und das Öl ohne Chilis in der Flasche verschenken.

EXTRA-TIPP: Dieses Würzöl können Sie auch ohne Thymian oder Rosmarin herstellen. Die Anzahl der Chilischoten richtet sich nach der gewünschten Schärfe.

Wundern Sie sich nicht, wenn die Chilischoten anfangs oben schwimmen: Im Laufe der Zeit sinken sie nach unten.

glutenfrei
laktosefrei
milchfrei
nussfrei
eifrei
vegetarisch
vegan

Zitronenöl

EIN WÜRZÖL MIT EINEM SEHR ERFRISCHENDEN AROMA, DAS FISCH, NUDELGERICHTEN UND INSBESONDERE SALATKREATIONEN EINEN BESONDEREN PFIFF VERLEIHT. SELBST GANZ EINFACHE SALATE SCHMECKEN DAMIT RAFFINIERT.

2 FLASCHEN À 200 ML

400 ml Olivenöl

2 Bio-Zitronen

1. Zitronen waschen und abtrocknen. Die Schale dünn mit einem Sparschäler abschälen.
2. In einem verschlossenen Gefäß Olivenöl und Zitronenschalen mischen. Eine Woche lang an einem warmen Ort stehen lassen. Ab und zu leicht schütteln, damit Luftblasen entweichen können.
3. Eine weitere Woche im Kühlschrank ziehen lassen. Dann die festen Bestandteile herausfiltern und das Öl in heiß ausgespülte Flaschen oder Fläschchen abfüllen.

Süß &

haltbar

gluten-frei
laktose-frei
milch-frei
nuss-frei
eifrei
vege-tarisch
vegan
So wird's haltbar!
Die Grütze in heiß ausgespülte Gläser gießen, sofort verschließen, auf den Kopf drehen und abkühlen lassen.

Rote Grütze

ROTE GRÜTZE IST EINE SÜßE SPEZIALITÄT, DIE IN DEUTSCHLAND EBENSO BELIEBT IST WIE IN SKANDINAVISCHEN LÄNDERN. SIE SCHMECKT PUR KÖSTLICH, PASST ABER AUCH PERFEKT ZU KEKSEN, WAFFELN, EIS, MILCHREIS, GRIEßBREI ODER VANILLESOßE.

500 g gemischte Beeren

250 ml Wasser

250 ml Apfelsaft

120 g brauner Zucker

2 EL Zitronensaft

1 P. Vanillepuddingpulver (!)

1. Die Beeren putzen. Wasser und Apfelsaft mischen.
2. Beeren mit Zucker, Zitronensaft und zwei Dritteln der Flüssigkeit in einem Topf aufkochen.
3. Währenddessen das Puddingpulver mit dem restlichen Drittel der Flüssigkeit verrühren, sodass keine Klümpchen entstehen.
4. Das aufgelöste Puddingpulver in die kochende Beerenmischung rühren und einmal kurz aufkochen.

SO SCHMECKT'S AUCH! Meine Beerenmischung besteht etwa zu gleichen Teilen aus Erdbeeren, roten Johannisbeeren, Stachelbeeren und Himbeeren.

Sie können nach Bedarf mehr Zucker oder Zitronensaft verwenden.

gluten-frei
laktose-frei
milch-frei
nuss-frei
eifrei
vege-tarisch
vegan

Mirabellen-Zitronen-Marmelade

EINE SEHR ERFRISCHENDE, SOMMERLICHE KONFITÜRE.

1 kg Mirabellen

2 Bio-Zitronen

100 ml Apfelsaft (evtl. etwas mehr)

300 g Gelierzucker, 3:1

1. Mirabellen waschen und mit dem Apfelsaft 5 Minuten köcheln.
2. Das Fruchtmus mit einem Kartoffelstampfer durch ein grobes Sieb streichen, sodass die Schalen und Steine zurückbleiben, während Fruchtfleisch und Saft aufgefangen werden.
3. Von den Zitronen die Schale abreiben, dann den Saft auspressen. Beides zum Fruchtmus hinzufügen.
4. Die Fruchtmasse abmessen und gegebenenfalls mit zusätzlichem Apfelsaft auf 800 Milliliter auffüllen.
5. Den Gelierzucker hinzufügen und umrühren. Aufkochen und etwa 4 Minuten sprudelnd kochen lassen. Gelierprobe machen.
6. Noch heiß in saubere Schraubgläser füllen, sofort verschließen und die Gläser während des Abkühlens auf den Kopf stellen.

EXTRA-TIPP: Natürlich können Sie diese Marmelade auch mit einem 1:1- oder 2:1-Gelierzucker kochen. Passen Sie die Gelierzuckermenge dann entsprechend an.

gluten-frei
laktose-frei
milch-frei
nuss-frei
eifrei
vege-tarisch
vegan

Orangen-Ingwer-Marmelade

BEI DIESER UNGEWÖHNLICHEN, FRUCHTIG-HERBEN KONFITÜREKREATION KÖNNEN SIE DIE SCHÄRFE INDIVIDUELL DOSIEREN. SIE SCHMECKT PUR SEHR AROMATISCH UND IST AUCH IN KOMBINATION MIT DUNKLER SCHOKOCREME GANZ BESONDERS LECKER!

FÜR CA. 12 GLÄSER À 200 ML

150 g frischer Ingwer

1 kg Bio-Orangen

1 l Orangensaft

1 kg Gelierzucker, 2:1

1. Den Ingwer schälen und in kleine Stückchen schneiden oder reiben. Die Orangen waschen, abtrocknen und die Schale abreiben oder in Zesten schneiden.
2. Die Orangen schälen und die weiße Außenhaut ebenso wie alle Kerne entfernen.
3. Das Fruchtfleisch würfeln, den Saft dabei auffangen. Zusammen mit dem Ingwer fein pürieren.
4. Orangenschale, Orangensaft und Fruchtmus in einen großen Topf füllen. Den 2:1-Gelierzucker hinzufügen (2 Teile Früchte, 1 Teil Gelierzucker).
5. Die Mischung unter ständigem Rühren aufkochen und 5 Minuten sprudelnd kochen lassen. Gelierprobe machen.
6. Noch heiß in saubere Schraubgläser füllen, sofort verschließen und die Gläser während des Abkühlens auf den Kopf stellen.

EXTRA TIPP: Wer es nicht so scharf mag, nimmt ein Viertel weniger Ingwer.

Diese Marmelade wird relativ flüssig. Wenn Sie festere Marmelade bevorzugen, sollten Sie etwas mehr Gelierzucker verwenden.

glutenfrei
laktosefrei
milchfrei
eifrei
vegetarisch
vegan

Rhabarber-Marzipan-Marmelade

EINE UNGEWÖHNLICHE KOMBINATION MIT EINEM INNOVATIVEN, SÜß-SAUREN GESCHMACK.

500 g Rhabarber

80 g Marzipan

250 g Gelierzucker (2:1)

2 EL Amaretto (!)

1. Rhabarber putzen und in kleine Stücke schneiden. Marzipan würfeln.
2. Rhabarberstückchen mit 2 Esslöffeln Gelierzucker in einem Topf auf großer Stufe erhitzen. Sobald die Masse sprudelnd kocht, den restlichen Gelierzucker hinzufügen und 4 Minuten kochen.
3. Kurz vor Ende der Kochzeit Marzipan hinzufügen und rühren, bis es sich aufgelöst hat.
4. Bei Bedarf die Rhabarber- und Marzipanstücke mit einer Gabel zerdrücken.
5. Den Topf vom Herd nehmen und den Amaretto unterrühren.
6. Noch heiß in saubere Schraubgläser füllen, sofort verschließen und die Gläser während des Abkühlens auf den Kopf stellen.

gluten-frei
laktose-frei
milch-frei
nuss-frei
vegetarisch

Schoko-Kokos-Kuchen im Glas

DIESE GEHALTVOLLEN KÜCHLEIN IM GLAS ERFREUEN DAS HERZ JEDES SCHOKOLIEBHABERS UND SIND LANGE HALTBAR – WENN SIE NICHT AUF DER STELLE VERPUTZT WERDEN!

CA. 7 GLÄSCHEN À 200 ML

200 g Zartbitterschokolade (!)

50 ml Orangensaft

4 Eier

150 g Margarine

150 g Kokosflocken

1. Schokolade zusammen mit dem Orangensaft in eine Schüssel füllen und überm Wasserbad schmelzen.
2. Die Einmachgläser einfetten. Den Backofen auf 140 °C vorheizen.
3. Die Eier trennen. Eiweiß steif schlagen. Eigelb mit Margarine und geschmolzener Schokolade schaumig rühren. Eischnee und Kokosflocken unterheben.
4. Den Teig auf die Gläser verteilen, sodass diese etwa zu drei Vierteln gefüllt sind.
5. 30 Minuten backen. Anschließend die Gläser sofort verschließen.

EXTRA TIPP: Sie können den Kuchen für den sofortigen Verzehr auch in anderen Formen backen und dann nach Belieben mit Schokoguss überziehen und mit Kokosflocken verzieren.

gluten-frei
laktose-frei
milch-frei
vege-tarisch

Backmischung für Brownies mit Mandeln

HAT SIE JEMAND NACH DEM REZEPT FÜR IHRE LECKEREN BROWNIES GEFRAGT? DANN SUCHEN SIE SICH EIN SCHÖNES GLAS, FÜLLEN DIE TROCKENEN ZUTATEN SCHICHTWEISE HINEIN UND ÜBERREICHEN DAS GLAS ZUSAMMEN MIT DEM GEWÜNSCHTEN REZEPT: SELBST GEMACHTE BACKMISCHUNGEN SIND EINE SEHR CHARMANTE GESCHENKIDEE, NICHT NUR FÜR KÜCHENMUFFEL.

1 GLAS À 500 ML

50 g Kakao

30 g Kartoffelstärke

½ TL Backpulver (!)

50 g brauner Zucker

70 g gehackte Mandeln

50 g gehackte Zartbitter-schokolade (!)

FÜR DIE ZUBEREITUNG

2 Eier

100 g Margarine

1 Backform (ca. 25 x 18 cm) oder eine Springform mit 24 cm Durchmesser

1. Kartoffelstärke und Backpulver mischen.
2. Die Zutaten in der angegebenen Reihenfolge schichtweise in ein Glas mit 500 Milliliter Fassungsvermögen füllen und gut verschließen.
3. Das Rezept für die Zubereitung der Brownies (siehe unten) abschreiben und am Glas befestigen.

Brownies mit Mandeln

2 Eier und 100 g Margarine schaumig schlagen. Die Backmischung hinzufügen und weiterrühren, sodass ein geschmeidiger Teig entsteht.

Den Teig in eine gefettete Backform mit ca. 25 x 18 cm oder in eine Springform mit 24 cm Durchmesser füllen. Bei 160 °C 25 Minuten backen.

gluten-frei
laktose-frei
milch-frei
eifrei
vege-tarisch
vegan
Das Müsli hält luftdicht verschlossen mehrere Monate.

Knuspermüsli

EIN SOLCHES KNUSPERMÜSLI WIRD AUCH GRANOLA GENANNT UND IST SEHR VARIABEL: VERWENDEN SIE DIE MÜSLIZUTATEN, WELCHE DIE ZU BESCHENKENDE PERSON AM LIEBSTEN MAG, UND PASSEN SIE DIE HONIGMENGE INDIVIDUELL AN.

CA. 2 GLÄSER À 400 ML

- 50 ml Rapsöl
- 100 g flüssiger Honig oder Agavendicksaft
- 250 g (glutenfreie) Haferflocken
- 100 g gehackte Mandeln
- 1 Prise Salz
- 1 EL Zimt
- 80 g Sonnenblumenkerne
- 50 g Leinsamen
- 50 g Kokosflocken
- 40 g Kürbiskerne
- 200 g getrocknete Aprikosen oder Trockenfrüchte nach Wahl

1. Rapsöl und Honig oder Agavendicksaft verrühren.
2. Den Backofen auf 175 °C vorheizen. Zwei Backbleche mit Backpapier auslegen.
3. Alle übrigen Zutaten bis auf die getrockneten Aprikosen mit dem Öl und dem Honig oder dem Agavendicksaft gut verrühren.
4. Das Müsli gleichmäßig auf die beiden vorbereiteten Bleche verteilen. 15 Minuten backen.
5. Währenddessen die getrockneten Aprikosen würfeln.
6. Dann die Backofentemperatur auf 160 °C reduzieren, das Müsli wenden.
7. Weitere 10 Minuten backen. Die Aprikosenwürfel unterrühren.
8. Auskühlen lassen, dann in luftdicht verschließbare Behältnisse füllen.

gluten-frei
laktose-frei
milch-frei
eifrei
vege-tarisch
vegan

Müsliriegel

DIESE MÜSLIRIEGEL SIND SEHR VARIABEL: STELLEN SIE DIE NÜSSE, SAMEN UND TROCKENFRÜCHTE GANZ NACH IHREN WÜNSCHEN ODER DEM GESCHMACK DER ZU BESCHENKENDEN PERSON ZUSAMMEN.

CA. 18 RIEGEL

50 g Haselnüsse

30 g Sonnenblumenkerne

40 g getrocknete Feigen

60 g getrocknete Aprikosen

50 g Rosinen

1 gr. Apfel (ungeschält)

75 g (glutenfreie) Haferflocken

25 g gemahlene Mandeln

50 g Kartoffelstärke

1 Prise Salz

2–3 EL Agavendicksaft oder Honig

1. Nüsse, Sonnenblumenkerne, Trockenfrüchte, Apfel und Haferflocken zusammen im Mixer oder in der Küchenmaschine zerkleinern. Die restlichen Zutaten hinzufügen und zu einem Teig verkneten.
2. Den Backofen auf 180 °C vorheizen und ein Backblech mit Backpapier auslegen.
3. Den Teig auf der Hälfte eines Backblechs festdrücken, sodass er überall etwa fingerdick ist und ein Rechteck formt.
4. 20 bis 25 Minuten backen und noch warm in etwa 18 Riegel schneiden.
5. Abgekühlt zum Verschenken oder Mitnehmen einzeln verpacken.

SO SCHMECKT'S AUCH! Je nach Geschmack können Sie beispielsweise die Haselnüsse durch Mandeln oder Walnüsse ersetzen, die Sonnenblumenkerne durch Kürbiskerne, die Feigen durch Datteln, die Aprikosen durch Pflaumen und die Rosinen durch Cranberrys.

gluten-frei
laktose-frei
milch-frei
eifrei
vege-tarisch

Nüsse in Honig

EINE ORIGINELLE GESCHENKIDEE, DIE SCHNELL UND SEHR EINFACH GEMACHT IST. NÜSSE IN HONIG KÖNNEN PUR GENOSSEN WERDEN, SCHMECKEN ABER AUCH ZU JOGHURT, QUARK, EIS, CRÊPES ODER WAFFELN SEHR GUT.

CA. 4 GLÄSER À 200 ML

260 g Nussmischung (z. B. Haselnüsse, Mandeln, Walnüsse, Cashewkerne)

500 g flüssiger, heller Honig

1. Die Nüsse auf die Gläser verteilen.
2. Die Gläser mit Honig auffüllen. Dabei gelegentlich die Gläser leicht aufschlagen, damit Luftblasen entweichen können.

gluten-frei · laktose-frei · milch-frei · nuss-frei · eifrei · vege-tarisch · vegan

Wieder nachfüllen!

Da die Vanilleschoten über mehrere Monate Aroma abgeben, kann das Glas wieder mit Zucker aufgefüllt werden, wenn der Vanillezuckervorrat zur Neige geht.

Bonus-Rezept:

Aromatisierter Zucker

AROMATISIERTER ZUCKER IST EIN SCHÖNES MITBRINGSEL FÜR HOBBYBÄCKER UND KÜCHENFEEN. MAN KANN NATÜRLICH VANILLEZUCKER, ZITRONEN- ODER ORANGENAROMA ABGEPACKT KAUFEN BZW. DAS ORIGINAL VERWENDEN, ALSO VANILLESCHOTEN ODER FRISCH ABGERIEBENE ZITRUSSCHALEN. DIESE BACKZUTATEN LASSEN SICH ABER AUCH LEICHT AUF VORRAT SELBER MACHEN – UND SIND DARÜBER HINAUS EINE TOLLE RESTEVERWERTUNG.

FÜR ZITRONEN- ODER ORANGENZUCKER

2 Bio-Orangen oder -Zitronen

100 g Zucker

1. Die Schalen der Zitrusfrüchte fein abreiben.
2. Den Zitrusabrieb in einer offenen Schale gut mit dem Zucker verrühren. 24 Stunden trocknen lassen, dann in saubere Gläser füllen und verschließen.

FÜR VANILLEZUCKER

ausgeschabte Schale von 1 Vanilleschote

100 g weißer oder brauner Zucker

1. Die ausgekratzte Vanilleschote in mehrere Stücke schneiden. Mit dem Zucker vermischen.
2. Ein sauberes Glas mit der Zuckermischung befüllen, verschließen und kräftig schütteln.
3. Mindestens zwei Wochen ziehen lassen. Die Schoten bleiben im Glas.

EXTRA TIPP: Das ausgekratzte Mark der Vanilleschote können Sie natürlich ebenfalls zum Backen verwenden – statt eines Tütchens Vanillezucker.

Süße

Statt Marmelade:

Aufstriche

glutenfrei laktosefrei milchfrei eifrei vegetarisch vegan

So schmeckt's auch!

Wer es weniger bitter mag und kein Problem mit Laktose hat, kann zur Hälfte Vollmilchschokolade verwenden.

Schoko-Nuss-Creme

WER SICH EINE SCHOKO-NUSS-CREME WÜNSCHT, DIE WENIGER SÜß IST, WIRD HIER AUF SEINE KOSTEN KOMMEN.

CA. 3 GLÄSER À 200 ML

150 g gemahlene Haselnüsse

150 g Zartbitterschokolade (!)

100 g Margarine

150 ml (Soja-)Sahne

20–30 g Puderzucker

Mark von 1 Vanilleschote

1 Prise Salz

1. Die gemahlenen Haselnüsse in einer Pfanne ohne Fett anrösten.
2. Die restlichen Zutaten in einem Topf auf kleiner Stufe unter Rühren erhitzen, bis Margarine und Schokolade geschmolzen sind.
3. Haselnüsse unterrühren.
4. Die Masse in heiß ausgespülte Gläser füllen und verschließen. Im Kühlschrank aufbewahrt ist diese Creme mindestens zwei Wochen haltbar.

EXTRA-TIPP: Die Konsistenz wird cremiger, wenn Sie statt der gemahlenen Nüsse Nussmus verwenden.

gluten-frei
laktose-frei
milch-frei
nuss-frei
eifrei
vege-tarisch
vegan

Schoko-Kokos-Creme

ES MÜSSEN NICHT IMMER NÜSSE SEIN! BEI DIESER SCHOKOCREME LIEFERN KOKOSFLOCKEN EIN FEINES TROPISCHES AROMA.

CA. 2 GLÄSER À 150 ML

- 100 g Zartbitterschokolade (!)
- 80 g Kokosfett oder Margarine
- 50 ml Kokosmilch
- 25 g Kokosflocken
- 10 g Puderzucker

1. Die Kokosflocken in einer Pfanne ohne Fett anrösten.
2. Die restlichen Zutaten in einem Topf auf kleiner Stufe unter Rühren erhitzen, bis Kokosfett bzw. Margarine und Schokolade geschmolzen sind.
3. Kokosflocken unterrühren.
4. Die Masse in heiß ausgespülte Gläser füllen und verschließen. Im Kühlschrank aufbewahrt ist diese Creme mehrere Wochen haltbar.

EXTRA-TIPP: Wenn die Konsistenz cremiger sein soll, können Sie die Creme vor dem Abfüllen pürieren.

Die Creme ist geschmeidiger, wenn sie rechtzeitig vor dem Verzehr aus dem Kühlschrank geholt wird. Alternativ können Sie auch bei der Herstellung mehr Kokosfett oder Margarine verwenden.

glutenfrei · laktosefrei · milchfrei · nussfrei · eifrei · vegetarisch · vegan

Chia-Fruchtaufstriche sind im Kühlschrank 7 bis 10 Tage haltbar.

Chia-Fruchtaufstrich

IM GEGENSATZ ZU EINGEKOCHTER MARMELADE IST CHIA-FRUCHTAUFSTRICH DEUTLICH GESÜNDER. ER KOMMT OHNE GROßE ZUCKERMENGEN AUS, HAT ALLERDINGS DADURCH AUCH EINEN WENIGER INTENSIVEN FRUCHTGESCHMACK.

FÜR DEN KIRSCH-FRUCHTAUFSTRICH

100 g Kirschen

1 EL Chiasamen

1 TL Agavendicksaft oder Honig

1. Die Kirschen kurz aufkochen, auskühlen lassen und pürieren.
2. Chiasamen und Agavendicksaft oder Honig hinzufügen und gut unterrühren.
3. Den Fruchtaufstrich in heiß ausgespülte Gläser füllen und mindestens zwei Stunden im Kühlschrank quellen lassen. Dabei während der ersten 20 Minuten gegebenenfalls gelegentlich umrühren, damit sich keine Klumpen bilden.

FÜR DEN ORANGEN-FRUCHTAUFSTRICH

1 Bio-Orange

3 getrocknete Datteln

1 EL Orangen- oder Zitronensaft

1 EL Chiasamen

1. Orangenschale abreiben, das Fruchtfleisch würfeln. Die Datteln klein schneiden.
2. Fruchtfleisch von Orange und Datteln zusammen mit Orangenschale und Saft kurz aufkochen. Abkühlen lassen und pürieren.
3. Chiasamen hinzufügen und gut unterrühren.
4. Den Fruchtaufstrich in heiß ausgespülte Gläser füllen und mindestens zwei Stunden im Kühlschrank quellen lassen. Dabei während der ersten 20 Minuten gegebenenfalls gelegentlich umrühren, damit sich keine Klumpen bilden.

EXTRA-TIPP: Ist der Fruchtaufstrich zu flüssig, können Sie einfach zusätzlich noch eine kleine Menge Chiasamen unterrühren.

Sie können beliebige frische oder tiefgefrorene Früchte verwenden. Mit Beeren schmeckt der Fruchtaufstrich besonders gut.

glutenfrei · laktosefrei · milchfrei · nussfrei · vegetarisch

Im Kühlschrank hält sich Lemon Curd bis zu 2 Wochen. Er lässt sich auch gut einfrieren.

Lemon Curd

DIESE ZITRONENCREME IST EIN TRADITIONELL ENGLISCHER BROTAUFSTRICH UND IN GROßBRITANNIEN SEHR BELIEBT. SIE IST ZUGLEICH SÜß UND SAUER – UND SCHMECKT EINFACH HIMMLISCH!

CA. 2 GLÄSER À 200 ML

- 2 Bio-Zitronen
- 250 g Zucker
- 2 Eier
- 125 g Margarine (oder Butter)

1. Zitronen abspülen, Schale abreiben, Saft auspressen.
2. Zitronensaft und -schale mit Zucker und Eiern in einen Topf füllen und unter Rühren auf niedriger Stufe erhitzen, bis die Masse eindickt.
3. Margarine oder Butter in kleine Würfel schneiden.
4. Topf vom Herd nehmen, Margarine- oder Butterwürfel nach und nach in die warme Masse rühren.
5. Wenn die Margarine oder Butter geschmolzen ist, ist die Creme fertig.
6. Sofort in heiß ausgespülte Gläser füllen und verschließen. Im Kühlschrank aufbewahren.

gluten-frei
laktose-frei
milch-frei
eifrei
vege-tarisch
vegan
Diese Creme hält sich im Kühlschrank mehrere Wochen.

Salzige Karamell-Cashew-Creme

DIESE KOMBINATION AUS SÜß UND LEICHT SALZIG HAT IHREN GANZ EIGENEN REIZ. WIE SIE DER ZUTATENLISTE ENTNEHMEN KÖNNEN, ENTHÄLT DIESE UNGLAUBLICH LECKERE CREME EINE MENGE KALORIEN … ABER DAVON SOLLTEN SIE SICH NICHT DEN APPETIT VERDERBEN LASSEN!

2 GLÄSER À 250 ML

75 g gesalzene Cashewkerne

220 g Zucker

100 g Margarine (oder Butter)

200 ml (Soja-)Sahne

1. Die Cashewkerne hacken und in einer Pfanne ohne Fett anrösten. Herausnehmen und etwas abkühlen lassen.
2. Den Zucker in einer großen Pfanne auf mittlerer Stufe goldbraun karamellisieren lassen.
3. Margarine oder Butter und Sahne hinzufügen. Etwa 5 Minuten unter Rühren erhitzen, bis sich der Zucker ganz gelöst hat.
4. Die gehackten Cashewkerne hinzufügen und gut unterrühren.
5. Die warme Karamellcreme in heiß ausgespülte Gläser füllen und verschließen. Im Kühlschrank aufbewahren.

EXTRA-TIPP: Eventuell setzt sich mit der Zeit das Fett etwas ab – dann rühren Sie die Creme einfach kurz durch.

Diese Karamellcreme schmeckt als Brotaufstrich, aber auch leicht erwärmt als Soße über Eiscreme und Joghurt. Sie eignet sich außerdem zum Füllen von Torten und Pralinen oder für Crêpes.

Pralinen &

Süßigkeiten

gluten-
frei
nuss-
frei
eifrei
vege-
tarisch

Kokostrüffel

EIN SCHOKOLADIGER TRAUM FÜR KOKOSFREUNDE!

100 g Kokosflocken

200 g Zartbitterschokolade (!)

100 g Frischkäse

3 EL Kokoslikör (!)

1. Die Hälfte der Kokosflocken in einer Pfanne ohne Fett anrösten.
2. Schokolade, Frischkäse und Kokoslikör zusammen auf kleiner Stufe unter Rühren erhitzen, bis die Schokolade geschmolzen ist. Angeröstete Kokosflocken unterrühren.
3. Die Trüffelmasse kalt stellen, bis sie fest, aber nicht hart ist.
4. Mit den Händen kleine Kugeln formen und in der zweiten Hälfte der Kokosflocken wenden. Im Kühlschrank aufbewahren.

EXTRA TIPP: Sollte sich beim Kühlen der Trüffelmasse etwas Fett absetzen, schöpfen Sie dieses ab.

glutenfrei · laktosefrei · milchfrei · eifrei · vegetarisch · vegan

So schmeckt's auch!

Wer es weniger bitter mag und Laktose verträgt, kann die Hälfte der Zartbitterschokolade durch Vollmilchschokolade ersetzten.

Chili-Amaretto-Trüffel

DIESE CREMIGE TRÜFFELKREATION ÜBERRASCHT MIT EINEM HAUCH SCHÄRFE.

- 130 g Zartbitterschokolade (!)
- 20 g Kokosfett
- 40 g (Soja-)Sahne
- 2 cl Amaretto (!)
- 1 gehäufter TL Puderzucker
- 1 Prise Zimt
- ½ sehr fein gehackte Chilischote
- Mandelkrokant zum Bestreuen (optional)

1. Schokolade, Kokosfett und Sahne auf kleiner Stufe erhitzen. Amaretto, Puderzucker, Zimt und Chilischote hinzufügen. Gelegentlich umrühren.
2. Wenn die Schokolade geschmolzen ist, die Masse vorsichtig mit dem Schneebesen schlagen, bis sie etwas fester wird.
3. 20 Minuten kalt stellen.
4. In Konfekthütchen spritzen und gegebenenfalls mit Mandelkrokant bestreuen.
5. Etwa 3 Stunden kalt stellen, damit die Trüffelmasse fest wird. Im Kühlschrank aufbewahren.

gluten-frei
laktose-frei
milch-frei
nuss-frei
eifrei
vege-tarisch
vegan

Aprikosen-Pralinen

DIESE FRUCHTIGEN PRALINEN SIND SCHNELL UND EINFACH GEMACHT.

FÜR 12 PRALINEN

20 g getrocknete Aprikosen

125 g Zartbitterschokolade (!)

1 TL Rapsöl

1 TL Aprikosenlikör (!)

1. Die getrockneten Aprikosen fein hacken.
2. Die Schokolade im Wasserbad auf kleiner Stufe schmelzen.
3. Aprikosen, Rapsöl und Likör unterrühren.
4. Die Masse in die Mulden von Pralinenformen oder Eiswürfelformen aus Silikon füllen. Dabei zwischendurch die Formen leicht auf die Tischplatte schlagen, damit Luftblasen entweichen und die Oberfläche glatt wird.
5. 90 Minuten kalt stellen.

SO SCHMECKS'S AUCH! Wer seine Pralinen cremiger mag, kann 10 bis 15 g Kokosfett unter die Schokomasse rühren.

Zitrus-Marzipan-Pralinen mit Nuss

EINE FEINE SCHOKOHÜLLE UMMANTELT FRUCHTIG-AROMATISCHES, WEICHES MARZIPAN MIT EINEM KNACKIGEN NUSSKERN – EIN HIMMLISCHER GENUSS!

FÜR 35 PRALINEN

150 g Marzipan

40 g gemahlene Mandeln

abgeriebene Schale von ½–1 Bio-Zitrone oder -Orange

25 ml Zitronen- oder Orangenlikör (!)

35 ganze Haselnüsse

100 g Zartbitterschokolade (!)

1. Marzipan, gemahlene Mandeln, abgeriebene Zitrusschale und Likör zu einem Teig verkneten und 30 Minuten kalt stellen.
2. Die Hände mit gemahlenen Mandeln bestäuben. Aus der Marzipanmasse 35 Kugeln formen und jeweils mit einer Haselnuss füllen.
3. Schokolade im Wasserbad schmelzen.
4. Die Marzipankugeln in die Schokolade tauchen. (Das geht am besten mithilfe einer Pralinengabel.) Abtropfen und auf Backpapier trocknen lassen.

glutenfrei
laktosefrei
milchfrei
eifrei
vegetarisch
vegan

Walnuss-Marzipan-Pralinen

BEI DIESEN SAFTIGEN UND AROMATISCHEN PRALINEN BILDEN DIE HERBEN WALNÜSSE EINEN REIZVOLLEN GESCHMACKSKONTRAST ZUM SÜßEN MARZIPAN.

FÜR DIE FÜLLUNG

30 g Zucker

60 g gemahlene Walnüsse

20 ml Wasser

10 ml Rum

200 g Marzipan

AUßERDEM

75 g Zartbitterschokolade (!)

10 g Kokosfett oder Margarine

Walnussstückchen zum Garnieren

1. Zum Karamellisieren der Walnüsse zwei Drittel des Zuckers in einer Pfanne erhitzen. Wenn der Zucker flüssig wird, die gemahlenen Walnüsse hinzufügen und unter Rühren karamellisieren. Abkühlen lassen.
2. In einem kleinen Topf den restlichen Zucker mit dem Wasser aufkochen.
3. Zuckerlösung, Walnusskaramell und Rum mit der Marzipanmasse verkneten.
4. Die Masse zwischen Backpapier etwa fingerdick ausrollen, dann in kleine Rechtecke schneiden.
5. Schokolade und Kokosfett oder Margarine zusammen im Wasserbad schmelzen.
6. Die Rechtecke in die Schokolade tauchen. (Das geht am besten mithilfe einer Pralinengabel.) Abtropfen lassen, nach Belieben mit Walnussstückchen garnieren und auf Backpapier trocknen lassen.

glutenfrei · laktosefrei · milchfrei · nussfrei · eifrei · vegetarisch · vegan

So geht´s schneller!

Wenn Sie sich diese mühsame Arbeit sparen wollen, können Sie auch fertige Pralinenhohlkörper kaufen und diese dann füllen.

Pralinen mit Cremefüllung

SOLCHE PRALINEN SIND SEHR AUFWENDIG IN DER HERSTELLUNG UND BRAUCHEN ETWAS ERFAHRUNG. ABER DAS ERGEBNIS SCHMECKT AUSGESPROCHEN ÜBERZEUGEND UND LÄSST SICH DURCH DIE WAHL DER FÜLLUNG GANZ EINFACH AN DIE UNTERSCHIEDLICHSTEN GESCHMACKSVORLIEBEN ANPASSEN.

200 g Zartbitterkuvertüre (!)

CREMEFÜLLUNG NACH WAHL

z. B. Lemon Curd (S. 72), Salzige Karamell-Cashew-Creme (S. 74) oder Marmelade oder Früchte nach Wahl

AUßERDEM

Pralinenformen

1. Die Kuvertüre im Wasserbad auf mittlerer Stufe schmelzen.
2. Gut gereinigte Pralinenformen mit der dickflüssigen Kuvertüre gleichmäßig ausgießen. Dabei die Formen gegebenenfalls leicht schwenken. Durch ein schnelles Umdrehen der Form überschüssige Schokolade aus den Mulden entfernen. Alternativ mithilfe eines Pinsels die Mulden einzeln mit Schokolade ausstreichen. Sobald die Kuvertüre fester wird, überstehende Schokoladenreste zwischen den Mulden abziehen. Schokolade 1 Stunde trocknen lassen.
3. Die gewählten Füllungen vorsichtig auf die Mulden verteilen. Gegebenenfalls kalt stellen.
4. Zum Verschließen wiederum Kuvertüre schmelzen und auf die Mulden verteilen. Etwas trocknen lassen, dann überschüssige Schokolade abziehen.
5. 2 Stunden kalt stellen, dann die Pralinen vorsichtig aus der Form lösen.

EXTRA-TIPP: Die Kuvertüre muss genau die richtige dickflüssige Konsistenz haben, sonst funktioniert die Herstellung der Schokoladenhüllen nicht.

Welche Allergene diese Pralinen enthalten, ist von der gewählten Cremefüllung abhängig. Wenn Sie beispielsweise Lemon Curd verwenden, sind keine der gängigen Allergene enthalten.

gluten-frei | laktose-frei | milch-frei | nuss-frei | eifrei | vege-tarisch | vegan

So schmeckt's auch!

Je nach Geschmack und Verträglichkeit können Sie dieses Konfekt mit Zartbitterschokolade, mit Vollmilchschokolade oder einer Mischung aus beidem zubereiten.

Knusperkonfekt

DIESES KONFEKT IST NICHT NUR EINFACH UND SCHNELL GEMACHT, SONDERN AUCH HINSICHTLICH DER ZUTATEN SEHR VARIABEL, SODASS ES SICH LEICHT AN JEDEN GESCHMACK ANPASSEN LÄSST.

- 125 g Zartbitterschokolade (!)
- 12 g Margarine oder Kokosfett
- 30 g (glutenfreie) Cornflakes
- 50 g Kokosflocken
- Mark von 1 Vanilleschote (optional)

1. Schokolade und Kokosfett oder Margarine zusammen im Wasserbad schmelzen.
2. Cornflakes, Kokosflocken und das Vanillemark unterrühren.
3. Mit zwei Teelöffeln kleine Berge aufs Backpapier setzen. Trocknen lassen.

VARIATION! Probieren Sie auch mal folgende Mischung: 30 g Cornflakes, 20 g Mandelblättchen, 30 g Kokosflocken.

glutenfrei
laktosefrei
milchfrei
nussfrei
eifrei
vegetarisch
vegan

Kokosriegel

DER AUFWAND LOHNT SICH: DIESE KOKOSRIEGEL MIT SCHOKOLADENÜBERZUG SCHMECKEN WUNDERBAR SAFTIG UND NICHT ZU SÜß.

FÜR CA. 20–25 RIEGEL

FÜR DIE FÜLLUNG

150 g Kokosflocken

Mark von 1 Vanilleschote

60 g Zucker

1 Prise Salz

75 g Kokosöl

230 ml Kokosmilch

3 gehäufte TL Kartoffelstärke

ZUM ÜBERZIEHEN

140 g Zartbitterschokolade (!)

40 g Margarine

1. Alle Zutaten für die Füllung mit Ausnahme der Kartoffelstärke in einem Topf aufkochen. Kartoffelstärke unterrühren.
2. Einmal kurz aufkochen, dann abkühlen lassen und 1 Stunde kalt stellen.
3. Die Kokosmasse zu Riegeln formen. Dabei gegebenenfalls leicht ausdrücken, damit sie besser formbar ist.
4. Schokolade und Margarine zusammen im Wasserbad schmelzen. Die Riegel mit dem Guss überziehen. Trocknen lassen.

gluten-
frei
laktose-
frei
milch-
frei
nuss-
frei
eifrei
vege-
tarisch
vegan

Schoko-Karamellen

DIESE LECKEREI SCHMECKT INTENSIV SCHOKOLADIG UND ZERGEHT FÖRMLICH AUF DER ZUNGE!

180–200 g Zucker

80 ml Wasser

1 Spritzer Zitronensaft

80 g (Soja-)Sahne

Mark von 1 Vanilleschote

150 g Zartbitterschokolade (!)

50 g Margarine oder Butter

1. Zucker, Wasser und Zitronensaft in einem großen Topf aufkochen, bis heller Karamell entsteht.
2. In einem kleinen Topf Sahne und Vanillemark aufkochen.
3. Die Schokolade in kleine Stücke brechen oder hacken.
4. Ein Drittel der Sahne vorsichtig und unter Rühren zum Karamell gießen. Dann den Rest der Sahne nach und nach hinzufügen.
5. Karamell-Sahne-Mischung vom Herd nehmen, Schokoladenstückchen und Margarine oder Butter hineingeben und unter Rühren schmelzen.
6. Rühren, bis eine einheitliche Masse entsteht.
7. Ein Backblech mit Backpapier auslegen und einen Backrahmen darauf stellen (ca. 15 mal 12 Zentimeter). Die Masse in den Rahmen füllen, sodass sie etwa fingerdick ist, und 2 Stunden fest werden lassen.
8. Die Karamellmasse in 2 Zentimeter breite und 4 bis 5 Zentimeter lange Stücke schneiden und einzeln in Zellophan, Alufolie oder Papier einwickeln.

EXTRA-TIPP: Die Karamellen selbst sind relativ schnell gemacht. Für das einzelne Verpacken brauchen Sie allerdings ein wenig Zeit.

glutenfrei
laktosefrei
milchfrei
eifrei
vegetarisch
vegan

Fruchtbällchen

DIESE GESUNDE NASCHEREI KOMMT OHNE ZUCKERZUSATZ AUS UND SCHMECKT AUSGESPROCHEN FRUCHTIG.

FÜR CA. 45–50 BÄLLCHEN

FÜR DIE BÄLLCHEN

450 g Bananen

1 Bio-Orange

100 g getrocknete Aprikosen

300 g gemahlene Haselnüsse

ZUM WÄLZEN

70 g gemahlene Haselnüsse

1 EL Kakaopulver

1. Bananen schälen. Schale der Orange abreiben, Saft auspressen. Die getrockneten Aprikosen fein hacken.
2. Bananen, Orangenschale und Saft zusammen pürieren.
3. Aprikosenstückchen und gemahlene Nüsse unterrühren, sodass eine feste, einheitliche Masse entsteht. 30 Minuten kalt stellen.
4. Aus der Masse kleine Kugeln formen und wahlweise in Kakaopulver oder gemahlenen Nüssen wälzen. Kalt stellen.

EXTRA-TIPP: Wegen der frischen Bananen sind die Fruchtbällchen nicht allzu lang haltbar. Sie sollten im Kühlschrank aufbewahrt und innerhalb weniger Tage verzehrt werden.

Je nach Reifegrad der Bananen und gewünschter Festigkeit können Sie mehr Nüsse bzw. weniger Saft verwenden.

SO SCHMECKT'S AUCH! Statt der Haselnüsse können Sie Mandeln oder Walnüsse wählen, und die getrockneten Aprikosen lassen sich beispielsweise durch getrocknete Cranberrys, Sauerkirschen, Feigen oder Datteln austauschen.

gluten-frei
laktose-frei
milch-frei
nuss-frei
eifrei
vege-tarisch
vegan

Fruchtige Energiekugeln

DIESE GESUNDEN FRUCHTRIEGEL IN KUGELFORM BRINGEN ENERGIE UND GUTE LAUNE. AUßERDEM HALTEN SIE SICH SEHR LANG UND EIGNEN SICH ALS ERSATZ FÜR EINEN MÜSLIRIEGEL GUT ZUM MITNEHMEN.

- 60 g getrocknete Datteln
- 60 g getrocknete Ananas
- 60 g gemahlene Erdmandeln oder Mandeln
- 2 TL Ahornsirup oder Agavendicksaft
- 10 g Kokosöl
- 2 TL Amaretto oder Rum (!)

1. Die Datteln in etwas warmem Wasser 2 bis 3 Stunden einweichen. Dann das Wasser abgießen.
2. Alle Zutaten zusammen pürieren, sodass eine einheitliche Masse entsteht.
3. 30 Minuten kalt stellen. Dann aus der Masse Kugeln formen.

EXTRA-TIPP: Erdmandeln sind die Knollen einer Grasart und werden auch von Nussallergikern problemlos vertragen. Wenn Sie statt der Erdmandeln Mandeln verwenden, sollten Sie beachten, dass die Kugeln dann weniger süß sind.

SO SCHMECKT'S AUCH! Diese Kugeln sind je nach Geschmack leicht abzuwandeln – z. B. mit getrockneter Mango, Cranberrys oder Aprikosen. Und wer mag, kann die Kugeln in Hanfsamen oder Kakao wälzen.

Salzige

Knabbereien

gluten-frei
laktose-frei
milch-frei
eifrei
vege-tarisch
vegan
Variieren Sie die Salzmenge nach Geschmack!

Salzmandeln

IN SPANIEN WERDEN STATT ERDNÜSSEN EHER SALZMANDELN GENASCHT. DIESE KÖSTLICHE KNABBEREI KÖNNEN SIE GANZ LEICHT SELBST HERSTELLEN.

200 g Mandeln (nach Wunsch blanchiert)

½–1 TL Salz

150 ml Wasser

1. Mandeln ohne Fett in einer Pfanne auf hoher Stufe etwa 10 Minuten rösten, dabei häufig umrühren.
2. Das Salz im Wasser auflösen. Dann das Wasser vorsichtig in die heiße Pfanne gießen.
3. Warten, bis das Wasser komplett verkocht ist. Auskühlen lassen.

gluten-frei
laktose-frei
nuss-frei
vege-tarisch

Käsetaler

DIESES WUNDERBAR AROMATISCHE, SALZIGE GEBÄCK PASST GANZ HERVORRAGEND ZU EINER FLASCHE WEIN – DIE SIE GLEICH MIT VERSCHENKEN KÖNNEN!

200 g geriebener Bergkäse

200 g Margarine

200–220 g (glutenfreies) Mehl

½ TL Salz

1 TL gemahlener Pfeffer

1 Ei

1–2 EL Cognac

etwas (Reis-)Milch zum Bestreichen

nach Belieben Kümmel, Rosmarin, Sesam, Sonnenblumenkerne oder Thymian zum Bestreuen

1. Alle Zutaten zu einem glatten Teig verarbeiten und 1 Stunde im Kühlschrank ruhen lassen.
2. Aus dem Teig eine Rolle formen, davon etwa 3 Millimeter dicke Scheiben abschneiden.
3. Den Backofen auf 200 ° C vorheizen. Ein Backblech mit Backpapier auslegen.
4. Die Taler mit Milch bestreichen und nach Belieben mit Gewürzen oder Körnern bestreuen.
5. 8 bis 10 Minuten backen. Die Taler vorsichtig vom Blech heben und auf einem Kuchengitter auskühlen lassen. In einer luftdicht abgeschlossenen Dose aufbewahren.

EXTRA-TIPP: Falls Sie die Käsetaler glutenfrei zubereiten, erhält das Gebäck eine bessere Konsistenz, wenn Sie ½ TL gemahlene Chiasamen und ½ TL Guarkernmehl unter den Teig rühren.

gluten-frei
laktose-frei
milch-frei
nuss-frei
eifrei
vege-tarisch
vegan

Sesam-Käse-Ecken

DIESE KNUSPRIG-MÜRBE KNABBEREI HAT EINE ANGENEHME SCHÄRFE UND PASST PERFEKT ZU EINEM GLAS SEKT ODER WEIN AM ABEND.

50 g Sesam

100 g geriebener Bergkäse

70 g Margarine

1 Ei

1 EL Cognac oder Weißwein

¼ TL Salz

¼ TL Chili

20 g Kartoffelstärke

80 g (glutenfreies) Mehl

1. Sesam in einer Pfanne ohne Fett rösten. Auskühlen lassen.
2. Alle Zutaten zu einem Mürbteig verkneten und 30 Minuten im Kühlschrank ruhen lassen.
3. Den Backofen auf 190 °C vorheizen. Ein Backblech mit Backpapier auslegen.
4. Den Teig etwa 5 Millimeter dick ausrollen. In Quadrate schneiden und diese dann diagonal halbieren, sodass Dreiecke entstehen.
5. 10 Minuten backen, bis die Sesam-Käse-Ecken goldgelb sind. Auskühlen lassen. In einer luftdicht abgeschlossenen Dose aufbewahren.

EXTRA-TIPP: Falls Sie die Sesam-Käse-Ecken glutenfrei zubereiten, erhält das Gebäck eine bessere Konsistenz, wenn Sie ½ TL Guarkernmehl unter den Teig rühren.

glutenfrei · nussfrei · vegetarisch

So schmeckt's auch!

Probieren Sie statt der Oliven auch einmal alternative Füllungen aus – z. B. getrocknete Tomaten, Schafskäse oder Kabanossi.

Oliven im Teigmantel

DIESE PIKANT-WÜRZIGE BESONDERHEIT FÜRS KALTE BÜFFET ODER ZUM ABENDLICHEN GLAS WEIN SCHMECKT AUCH WARM ODER ZU EINEM SALAT HERVORRAGEND.

ERGIBT CA. 30–40 KUGELN

FÜR DEN TEIG

40 g Kartoffelstärke

160 g (glutenfreies) Mehl

100 g Margarine

60 g Frischkäse

1 Ei

300 g geriebener Bergkäse

1 Prise Salz

Pfeffer nach Geschmack

Muskatnuss nach Geschmack

Chili nach Geschmack

AUßERDEM

30–40 gefüllte Oliven (abgetropft)

1 Ei

2 EL Wasser

Sesam, Thymian, Kümmel oder frisch gemahlenen Pfeffer zum Bestreuen

1. Aus den Teigzutaten einen glatten Teig kneten und 1 Stunde kalt stellen.
2. Den Teig zu einer Rolle formen. Davon etwa 1 Zentimeter dicke Scheiben abschneiden. Die Teigscheiben ein wenig flach drücken, je eine Olive in die Mitte legen, mit dem Teig umhüllen und zu Kugeln formen.
3. Den Backofen auf 180 °C vorheizen. Ein Backblech mit Backpapier auslegen. Die Kugeln auf das Backblech setzen.
4. Das Ei mit dem Wasser verquirlen, die Kugeln damit bestreichen. Nach Belieben mit Gewürzen oder Körnern bestreuen.
5. In 20 Minuten goldgelb backen.

EXTRA-TIPP: Falls Sie dieses Rezept glutenfrei zubereiten, erhält das Gebäck eine bessere Konsistenz, wenn Sie ½ TL Guarkernmehl unter den Teig rühren.

gluten-
frei
laktose-
frei
milch-
frei
nuss-
frei
eifrei
vege-
tarisch
vegan

Gemüsechips

ES MÜSSEN NICHT IMMER NORMALE KARTOFFELN SEIN, WENN CHIPS AUF DEN TISCH KOMMEN SOLLEN: GEEIGNET SIND AUCH SÜẞKARTOFFELN ODER VERSCHIEDENE ARTEN VON WURZELGEMÜSE. UND SELBST GEMACHT SIND DIESE CHIPS OBENDREIN FETTÄRMER UND GESÜNDER!

2 Rote Rüben

2 Süßkartoffeln

4 Karotten

6 EL Olivenöl

½–1 TL gestr. Salz

Pfeffer nach Geschmack

1. Das Gemüse schälen und putzen. Mit einem Gemüsehobel in dünne Scheiben schneiden. (Je dünner die Scheiben, desto knuspriger die Chips!)
2. In einer großen Schüssel Olivenöl mit Salz und Pfeffer verrühren. Die Gemüsescheiben hinzufügen und sehr gut durchrühren, damit sich die Scheiben voneinander trennen und alle möglichst gleichmäßig mit Öl bedeckt sind.
3. Den Backofen auf 140 °C vorheizen. Zwei bis drei Backbleche mit Backpapier auslegen.
4. Die Gemüsescheiben gleichmäßig auf die Backbleche verteilen und nebeneinander ausbreiten, sodass sie sich möglichst wenig überlappen.
5. 45 bis 50 Minuten backen. Währenddessen die Ofentür immer wieder öffnen, damit die Feuchtigkeit entweichen kann. Wenn die Chips knusprig werden, sind sie fertig. Auskühlen lassen. In einer luftdicht verschlossenen Dose aufbewahren.

SO SCHMECKT'S AUCH! Sie können je nach Geschmack auch verschiedene weitere Gewürze verwenden – z. B. Chili, Curry oder Rosmarin.

Flüssige

Verführungen

glutenfrei · laktosefrei · milchfrei · nussfrei · eifrei · vegetarisch · vegan

So schmeckt´s auch!

Minze oder Zitronenmelisse können Sie beim Servieren zusätzlich frisch ins Glas geben.

Ingwer-Zitronen-Limonade

EIN SOMMERLICH-FRISCHES GETRÄNK MIT EINER ANGENEHMEN LEICHTEN SCHÄRFE – BESTENS GEEIGNET FÜR GRILLFESTE UND LAUE SOMMERABENDE!

CA. 4 FLASCHEN À 250 ML

100 g Ingwer

200 ml Zitronensaft (frisch gepresst)

150 g Zucker

600 ml Wasser

1. Ingwer putzen und in Scheiben schneiden. Mit Zitronensaft, Zucker und Wasser aufkochen.
2. Vom Herd nehmen und mehrere Stunden abgedeckt ziehen lassen. Dann abseihen und in Flaschen füllen.
3. Zum Servieren mit Mineralwasser verdünnen.

EXTRA-TIPP: Diese Limonaden-Grundsubstanz hält im Kühlschrank etwa 2 Wochen.

glutenfrei
laktosefrei
milchfrei
nussfrei
eifrei
vegetarisch
vegan

Holunderblütensirup

DIESER SIRUP IST FAST SCHON EIN KLASSIKER UND SCHMECKT SOMMERLICH, ERFRISCHEND UND AROMATISCH.

CA. 5 FLASCHEN À 250 ML

180 g Holunderblüten (ca. 30 bis 35 Dolden)

1 Bio-Zitrone

500 g Zucker

1 l Wasser

10 g Zitronensäure

1. Die Holunderdolden vorsichtig ausschütteln. Die Zitrone in Scheiben schneiden.
2. Zucker und Wasser in einem großen Topf aufkochen, dann 10 Minuten köcheln lassen.
3. Etwas abkühlen lassen, dann Holunderblüten und Zitronenscheiben hinzufügen und gut unterrühren. Abgedeckt 2 Tage ziehen lassen.
4. Die festen Bestandteile herausfiltern. Nun die Zitronensäure hinzufügen, alles einmal kurz aufkochen und anschließend in heiß ausgespülte Flaschen füllen.

EXTRA-TIPP: Passen Sie das Aroma und die Süße nach Belieben an, indem Sie mehr oder weniger Holunder oder Zucker verwenden.

gluten-frei
laktose-frei
milch-frei
nuss-frei
eifrei
vege-tarisch
vegan

Schokolikör

OB LEICHT ANGEWÄRMT UND PUR ODER ÜBER EIS – DIESE SCHOKOLADIGE LECKEREI IST AUF JEDEN FALL EINE SÜNDE WERT!

CA. 2 FLASCHEN À 400 ML

200 g Zartbitterschokolade (!)

400 ml (Soja-)Sahne

150 ml Rum oder Cognac

1. Schokolade und Sahne in einen Topf füllen und auf mittlerer Stufe unter Rühren erhitzen, bis die Schokolade geschmolzen ist.
2. Kurz aufkochen lassen, dann den Topf vom Herd nehmen. Den Rum oder Cognac unterrühren und noch warm in heiß ausgespülte Flaschen füllen.

EXTRA-TIPP: Falls der Likör nicht gleich getrunken wird, sollte er im Kühlschrank aufbewahrt werden.

Wenn Ihnen der Schokolikör zu dickflüssig ist, können Sie ihn im Wasserbad leicht anwärmen – dann wird er dünner … und schmeckt noch köstlicher!

glutenfrei
laktosefrei
milchfrei
nussfrei
eifrei
vegetarisch
vegan

Kaffeelikör

SELBST MENSCHEN, DIE EIGENTLICH KEINEN KAFFEE MÖGEN, GENEHMIGEN SICH DAVON GERNE MAL EIN GLÄSCHEN. UND AUCH ÜBER EIS PASST DIESER LIKÖR GUT.

CA. 2 FLASCHEN À 400 ML

- 2 Kardamomkapseln
- Mark von ½ Vanilleschote
- 50 g gemahlener Kaffee
- 100 g Zucker
- 350 ml Wasser
- 350 ml Rum

1. Die Kardamomkapseln im Mörser zerstampfen.
2. Vanillemark und Kardamom mit Kaffeepulver und Zucker in einen Topf füllen, mit kochendem Wasser übergießen.
3. Auskühlen lassen. Dann durch ein sehr feines Sieb filtern und den Rum hinzufügen. In heiß ausgespülte Flaschen abfüllen.

Mitbringsel fürs kalte Büffet

gluten-
frei
laktose-
frei
milch-
frei
nuss-
frei
vege-
tarisch
Tortilla kann schon am Vorabend zubereitet werden.

Tortillawürfel

IN SPANIEN IST DIESES OMELETT MIT KARTOFFELN EIN NATIONALGERICHT. MAN KANN TORTILLA MIT BELIEBIGEN GEMÜSESORTEN, ABER AUCH MIT SPECKWÜRFELN ZUBEREITEN.

900–1.000 g Kartoffeln

Olivenöl

5 Frühlingszwiebeln

1 rote Paprikaschote

6 Eier

Salz

Pfeffer

Muskatnuss

1. Die Kartoffeln schälen und in kleine Würfel schneiden. Olivenöl in einer beschichteten Pfanne erhitzen. Die Kartoffeln 15 bis 20 Minuten bei großer Hitze braten, bis sie gar sind. Dabei ab und zu umrühren. Dann die Kartoffeln aus der Pfanne nehmen.
2. Die Zwiebeln schälen, würfeln und in derselben Pfanne glasig dünsten.
3. Inzwischen die Eier mit den Gewürzen in einer Schüssel verquirlen.
4. Die angebratenen Kartoffeln und Zwiebeln unter die Eimasse rühren. Die Eimasse muss die Kartoffeln knapp bedecken. In derselben Pfanne etwas Olivenöl erhitzen. Die Masse hineinfüllen und abgedeckt auf kleiner Stufe garen.
5. Sobald die Unterseite braun und die Oberfläche größtenteils gestockt ist (nach etwa 10 bis 15 Minuten), die Tortilla mithilfe eines Tellers wenden. Etwas Öl in die Pfanne geben. Die andere Seite der Tortilla ebenfalls auf kleiner Stufe zugedeckt backen, bis sie braun ist und sich vom Pfannenboden lösen lässt.
6. Die Tortilla auf einen großen Teller gleiten lassen oder stürzen. In Würfel schneiden.

gluten-frei laktose-frei milch-frei nuss-frei

Hackbällchen

DIESE HACKFLEISCHBÄLLCHEN KOMMEN OHNE SEMMELBRÖSEL, BRÖTCHEN ODER ÄHNLICHES AUS, SODASS SIE AUCH GUT FÜR PERSONEN GEEIGNET SIND, DIE SICH GLUTENFREI ERNÄHREN MÜSSEN. AUSSERDEM SIND SIE SEHR SAFTIG, WÜRZIG UND SCHMECKEN EINFACH LECKER!

CA. 35 BÄLLCHEN

500 g gemischtes Hackfleisch

100 g Schinkenwürfel oder durchwachsener Speck

½ Zwiebel

1 Knoblauchzehe

75 g gekochter Reis

1 Bund Petersilie (optional)

1 Ei

125 ml Wasser

Salz

Pfeffer

1 TL Senf (!) oder geriebener Parmesan

Öl zum Braten

1. Hackfleisch, Schinken oder Speck, klein gehackte Zwiebel, ausgepresste Knoblauchzehe, Reis und gegebenenfalls gehackte Petersilie zusammen mixen.
2. Ei, Wasser, Gewürze und Senf oder Parmesan hinzufügen. Alles zu einem einheitlichen Teig verarbeiten.
3. Aus dem Teig etwa 35 kleine Bällchen formen.
4. Das Öl in einer Pfanne erhitzen. Die Hackfleischbällchen darin knusprig braun braten.

EXTRA-TIPP: Sie können für dieses Rezept Reisreste vom Vortag verwenden. Wenn Sie den Reis extra für die Hackbällchen zubereiten, brauchen Sie 50 g rohen Reis, den Sie dann in gesalzenem Wasser garen.

gluten-frei
laktose-frei
milch-frei
nuss-frei
eifrei
vege-tarisch
vegan

Hummus

HUMMUS IST EINE ORIENTALISCHE SPEZIALITÄT, DIE NICHT NUR IN DER TÜRKEI, SONDERN AUCH IM GESAMTEN NAHEN OSTEN ALS BROTAUFSTRICH UND VORSPEISE BELIEBT IST.

- 230 g Kichererbsen (aus dem Glas, Abtropfgewicht)
- ca. 2 EL Abtropfwasser der Kichererbsen
- 2 Knoblauchzehen
- 1 EL Kreuzkümmel
- 1 getrocknete Chilischote
- 2 EL Rapsöl
- 1½ EL Tahin (Sesampaste) (!)
- 2 EL Zitronensaft
- 1 EL Curry (!)
- Salz
- Pfeffer

1. Das Wasser der Kichererbsen abgießen, einen Teil davon auffangen.
2. Knoblauch fein hacken, Kreuzkümmel und Chili mahlen.
3. Alle Zutaten zusammen pürieren.
4. Wenn die Creme zu dick ist, etwas mehr Abtropfwasser hinzufügen. Gegebenenfalls nachwürzen.
5. Abgedeckt im Kühlschrank mindestens 2 Stunden ruhen lassen.

EXTRA-TIPP: Hummus dickt während der Ruhezeit im Kühlschrank noch ein. Deshalb sollte die Konsistenz vorher relativ weich sein: Wenn man einen Löffel hineinsteckt und wieder herauszieht, sollte die Spur, die der Löffel hinterlässt, sofort wieder verschwinden.

gluten-
frei
laktose-
frei
nuss-
frei
eifrei
vege-
tarisch

Schafskäseaufstrich mit Oliven

DIESER MEDITERRANE AUFSTRICH SCHMECKT WÜRZIG UND FRISCH.

- 80 g schwarze Oliven, entsteint
- 1 Knoblauchzehe
- 200 g Feta
- 50 g weiche Margarine
- 2 EL (Soja-)Sahne
- Chiliflocken
- Thymian
- Rosmarin

1. Oliven und Knoblauch hacken. Feta zerkrümeln.
2. Alle Zutaten verrühren. Kalt stellen.

gluten-frei
nuss-frei
eifrei

Thunfischcreme

NACH DIESEM REZEPT WIRD MAN SIE BESTIMMT IMMER WIEDER FRAGEN, DENN DIE THUNFISCHCREME IST DER HIT AUF JEDEM KALTEN BÜFFET! UND DABEI IST SIE SEHR EINFACH UND SCHNELL GEMACHT.

250 g Thunfisch (im eigenen Saft)

½ Bund Dill

250 g Frischkäse (!) (naturbelassen, mit Kräutern oder gemischt)

Salz und Pfeffer nach Geschmack

1. Den Thunfisch mit einer Gabel zerpflücken. Dill hacken.
2. Alle Zutaten miteinander verrühren. Kalt stellen.

EXTRA-TIPP: Wenn Sie keinen Frischkäse vertragen, können Sie milchfreien Frischkäse aus Sojamilch und Zitronensaft selbst herstellen. Ein Rezept dafür finden Sie auf www.genussohnegluten.de. Für ein optimales Geschmackserlebnis sollten Sie dann außerdem 2 EL Rapsöl und 2 EL Zitronensaft unterrühren.

gluten-frei
laktose-frei
milch-frei
nuss-frei
eifrei

Tapenade

DIESE SÜDFRANZÖSISCHE OLIVENPASTE WIRD ALS BROTAUFSTRICH ODER ZUM DIPPEN VERWENDET UND HAT EINEN INTENSIVEN, MEDITERRANEN GESCHMACK.

- 8 Sardellenfilets
- 200 g schwarze Oliven (ohne Stein)
- 40 g Kapern
- etwas Zitronensaft
- 100–120 ml Olivenöl

1. Sardellenfilets abspülen und trocken tupfen.
2. Alle Zutaten zusammen pürieren, sodass eine einheitliche Creme entsteht. Kalt stellen.

gluten-frei
laktose-frei
milch-frei
nuss-frei
eifrei
vege-tarisch
vegan
Avocados und Birnen sollten für diesen Salat reif, aber nicht zu weich sein.

Avocado-Birnen-Salat

DIESE INNOVATIVE SALATKOMBINATION IST REIZVOLL UND GESCHMACKLICH RUNDUM ÜBERZEUGEND.

- 2 EL Sonnenblumenkerne
- 2 Avocados
- 2 Birnen
- Saft von ½–1 Zitrone
- Olivenöl
- Crema di balsamico
- Salz
- Pfeffer

1. Sonnenblumenkerne in einer Pfanne ohne Öl rösten (optional).
2. Avocados und Birnen schälen, halbieren und entkernen. In schmale Streifen schneiden.
3. Abwechselnd auf einem großen Teller anrichten. Mit Zitronensaft, Olivenöl und Crema di balsamico beträufeln.
4. Mit Salz und Pfeffer würzen. Sonnenblumenkerne darüberstreuen.

gluten-frei · laktose-frei · eifrei · vege-tarisch

So schmeckt's auch!

Wenn Sie mögen, können Sie den Salat auch um eine Handvoll Rucola ergänzen.

Rote-Bete-Salat mit Feta und Walnüssen

DIESER SALAT IST NICHT NUR ÄUßERST FARBENFROH, SONDERN AUCH INNOVATIV KOMBINIERT. WENN SIE DIE WALNÜSSE VORAB KARAMELLISIEREN, KOMMT NOCH EIN TOLLES ZUSÄTZLICHES AROMA HINZU.

- 50 g Walnüsse
- 500 g Rote Bete, vorgekocht
- 200 g Feta
- 1–2 TL Agavendicksaft oder flüssiger Honig
- 1–2 TL Senf (optional) (!)
- 3 EL Olivenöl
- 2 EL Balsamico-Essig
- Salz
- Pfeffer

1. Walnüsse grob hacken. Pur verwenden, ohne Fett in einer Pfanne rösten oder karamellisieren (siehe „Extra-Tipp").
2. Rote Bete in dünne Scheiben schneiden oder würfeln, den Feta darüberkrümeln oder würfeln. Zusammen mit den Walnüssen auf einer großen Platte anrichten.
3. In einer kleinen Schale aus den restlichen Zutaten eine Vinaigrette rühren. Über den Salat gießen.

EXTRA-TIPP: Wenn Sie die Walnüsse karamellisieren möchten: Den Boden einer Pfanne leicht mit Zucker bestreuen. Warten, bis der Zucker schmilzt. Walnüsse hinzufügen, unter Rühren karamellisieren und dann abkühlen lassen.

Torten &

Zu Tee & Kaffee:

Kuchen

gluten-frei
laktose-frei
milch-frei
eifrei
vege-tarisch
vegan

Schoko-Avocado-Torte

AVOCADO MAG ALS ZUTAT FÜR EINE TORTE ZUNÄCHST ÜBERRASCHEN. ABER WER MILCHPRODUKTE MEIDEN MUSS, BRAUCHT ALTERNATIVEN – UND DA BIETET SICH DIESE GRÜNE FRUCHT AN. DIE HIER VORGESTELLTE SCHOKOLADIGE KÜHLSCHRANKTORTENKREATION IST BEI ZÖLIAKIE UND LAKTOSEINTOLERANZ EBENSO GEEIGNET WIE FÜR VEGANER UND ROHKÖSTLER, SCHMECKT ABER AUCH ALLEN ANDEREN ESSERN.

FÜR DEN BODEN

- 125 g gemahlene Mandeln
- 120 g getrocknete Aprikosen
- 40 g Kokosflocken
- Mark von 1 Vanilleschote

FÜR DIE CREME

- 100 g Zartbitterschokolade (!)
- 5 reife Avocados
- 200 ml Mandelmilch
- 4 EL Ahornsirup (oder flüssiger Honig)
- 1 EL Mandelmus
- 1 EL Guarkernmehl
- 1 Prise Salz
- Kokosflocken zum Garnieren (optional)

1. Die Zutaten für den Boden zusammen pürieren.
2. Eine Springform (28 Zentimeter) mit Backpapier auslegen. Die Aprikosen-Nuss-Masse gleichmäßig auf dem Boden verteilen und festdrücken. Kalt stellen.
3. Für die Creme die Schokolade im Wasserbad auf mittlerer Stufe schmelzen. Das Fruchtfleisch aus den Avocados lösen.
4. Alle Zutaten für die Creme pürieren, bis eine glatte Masse entsteht.
5. Die Creme auf dem Boden verteilen. Nach Belieben (und dem Anlass entsprechend) mit Kokosflocken garnieren. Mehrere Stunden kalt stellen, dann vorsichtig aus der Form lösen.

FÜR DEN BODEN

150 g (glutenfreie) Kekse

75 g Margarine

FÜR DIE CASHEW-SCHICHT

350 g naturbelassene Cashewkerne

1 Bio-Zitrone

4–5 EL Agavendicksaft oder Ahornsirup

Mark von 1 Vanilleschote

200 ml Wasser

3 TL Kokosmehl

180 ml (Soja-, Mandel-) Milch

1½ gestr. TL Agar-Agar

FÜR DIE KIRSCH-SCHICHT

350 g Kirschen (aus dem Glas, Abtropfgewicht)

6 EL aufgefangener Kirschsaft

1 EL Agavendicksaft oder Ahornsirup

1 EL Kartoffelstärke

AUßERDEM (OPTIONAL)

gehackte, naturbelassene Cashewkerne und getrocknete Kirschen zum Bestreuen

Cashew-Kirsch-Torte

DIESE FRISCH-FRUCHTIGE TORTENKREATION KOMMT GANZ OHNE MILCHPRODUKTE AUS. ALS UNGEWÖHNLICHE ALTERNATIVE WERDEN HIER EINGEWEICHTE CASHEWKERNE VERWENDET.

1. Die Cashewkerne 8 Stunden in reichlich kaltem Wasser einweichen. Danach das Einweichwasser abgießen, die Cashewkerne mit klarem Wasser abspülen und abtropfen lassen.
2. Für den Boden die Kekse zerkleinern und mit der Margarine zu einer einheitlichen Masse verkneten.
3. Eine Springform (26 Zentimeter) mit Backpapier auslegen. Die Keksmasse auf dem Boden verteilen und festdrücken. Kalt stellen.
4. Für die Cashew-Schicht die Schale der Zitrone abreiben, Saft auspressen.
5. Die eingeweichten Cashewkerne mit Agavendicksaft oder Ahornsirup, Vanille, Zitronenschale, Zitronensaft, Wasser und Kokosmehl fein pürieren.
6. Milch mit Agar-Agar verrühren, aufkochen und 2 Minuten unter Rühren köcheln lassen. Zur Cashew-Masse gießen und alles noch einmal kurz pürieren. Etwas abkühlen lassen.
7. Die Cashew-Masse gleichmäßig auf dem Boden verteilen. Kalt stellen.
8. Für die Kirsch-Schicht die Kirschen abtropfen lassen, den Saft auffangen.
9. Kirschen mit Agavendicksaft oder Ahornsirup erhitzen. Die Kartoffelstärke mit dem Saft anrühren. (Falls nicht genug Saft da ist, ersatzweise Apfelsaft oder Wasser verwenden.)
10. Die Stärkemischung unter die Kirschen rühren, kurz aufkochen. Abkühlen lassen, bis die Kirschen lauwarm sind; dabei gelegentlich umrühren.
11. Die Kirschmischung gleichmäßig auf der Cashew-Schicht verteilen. Nach Belieben mit gehackten Cashew-Stückchen und gehackten getrockneten Kirschen bestreuen.

EXTRA-TIPP: Wenn dieser Kuchen bestimmte Allergene nicht enthalten soll, müssen Sie darauf achten, dass diese auch nicht in den verwendeten Keksen vorkommen.

glutenfrei
laktosefrei
milchfrei
vegetarisch

Kirsch-Schoko-Kuchen

DIESER KÖSTLICHE KUCHEN SCHMECKT SEHR SAFTIG UND WUNDERBAR SCHOKOLADIG, IST SCHÖN LOCKER UND EINFACH ZU BACKEN. DIE PUDERZUCKER-VERZIERUNG KÖNNEN SIE HERVORRAGEND AN DEN JEWEILIGEN GESCHENK-ANLASS ANPASSEN.

1 Glas Sauerkirschen (350 g Abtropfgewicht)

100 g Zartbitterschokolade (!)

4 Eier

1 Prise Salz

200 g Margarine

130 g Zucker

3 EL Rum

1 TL Zimt oder Lebkuchengewürz (!)

125 g gemahlene Mandeln

½ P. Backpulver (!)

100 g (glutenfreie) Haferflocken

2 EL Kartoffelstärke

Puderzucker zum Bestäuben

1. Kirschen gut abtropfen lassen. Schokolade reiben oder fein hacken. Eier trennen.
2. Eiweiß mit Prise Salz steif schlagen.
3. Margarine mit Zucker und Eigelb schaumig rühren.
4. Rum, Zimt oder Lebkuchengewürz, Schokolade, Mandeln, Backpulver und Haferflocken hinzufügen und alles zu einem glatten Teig verrühren.
5. Den Backofen auf 160 °C vorheizen. Eine Springform (24 Zentimeter) einfetten.
6. Kirschen mit Kartoffelstärke bestäuben und unterrühren.
7. Eischnee vorsichtig unterheben.
8. Den Teig in die Form füllen. 65 bis 70 Minuten backen. 5 Minuten im ausgeschalteten Backofen ruhen lassen, dann herausholen.
9. Nach Belieben (und dem Anlass entsprechend) mit Puderzucker dekorieren.

gluten-frei
laktose-frei
milch-frei
vege-tarisch

Mallorquinischer Mandelkuchen

SIE WOLLEN FÜR EINE FREUNDIN MIT GLUTENUNVERTRÄGLICHKEIT UND/ODER LAKTOSEINTOLERANZ EINEN KUCHEN BACKEN? DIESER LOCKERE UND SAFTIGE KUCHEN OHNE FETT, MEHL UND MILCH EIGNET SICH DAFÜR BESTENS – ER SCHKMECKT ABER AUCH JENEN, DIE KEINE ERNÄHRUNGSEINSCHRÄNKUNGEN HABEN, UND IST SCHNELL GEMACHT.

8 Eier

1 Prise Salz

190 g Puderzucker

300 g gemahlene Mandeln

abgeriebene Schale von 1 Bio-Zitrone oder -Orange

Mark von 1 Vanilleschote

1 TL Zimt

Puderzucker zum Bestäuben

1. Den Backofen auf 160 °C vorheizen. Eine Springform (26 Zentimeter) einfetten.
2. Die Eier trennen.
3. Eiweiß mit Prise Salz steif schlagen.
4. Puderzucker und Eigelb schaumig rühren. Gemahlene Mandeln, Zitronen- oder Orangenschale, Vanillemark und Zimt hinzufügen und unterrühren.
5. Den Eischnee vorsichtig unterheben.
6. Den Teig in die Form füllen. 50 Minuten backen. Anschließend noch 30 Minuten bei leicht geöffneter Backofentür im ausgeschalteten Ofen stehen lassen, dann herausholen.
7. Nach Belieben (und dem Anlass entsprechend) mit Puderzucker dekorieren.

SO SCHMECKT'S AUCH! Alternativ können Sie Haselnüsse oder eine Haselnuss-Mandel-Mischung verwenden. Falls der Kuchen für einen Nussallergiker gedacht ist, ersetzen Sie die Mandeln durch die in Spanien beliebten Erdmandeln – dann sollten Sie allerdings weniger Zucker nehmen, da Erdmandeln von Natur aus süßer sind.

Zu Tee & Kaffee:

Fantasie Kleingebäck

volles

gluten-frei nuss-frei vege-tarisch

Dekoration nach Wunsch!

Kokosflocken, kandierte oder frische Ananasstückchen, Papierschirmchen

Piña-Colada-Cupcakes

DIE TROPISCHEN AROMEN DIESER FRUCHTIGEN CUPCAKES WECKEN URLAUBSGEFÜHLE!

CA. 12 CUPCAKES

FÜR DIE MUFFINS

230 g Ananasfruchtfleisch (frisch oder aus der Dose)

125 g Margarine

70 g Zucker

Mark von 1 Vanilleschote

2 Eier

1–2 EL Rum (optional)

140 g (glutenfreies) Mehl

40 g Kartoffelstärke

½ P. Backpulver (!)

FÜR DAS TOPPING

200 ml Kokosmilch

20 g Kartoffelstärke

40 g Kokoscreme (ungesüßt)

70 g Margarine

120 g Frischkäse

20 g Puderzucker

25 g Kokosflocken

1. Für den Teig Ananas würfeln.
2. Den Backofen auf 175 °C vorheizen. Die Mulden eines Muffinblechs einfetten oder mit Papierförmchen auslegen.
3. Margarine mit Zucker und Vanille schaumig rühren. Eier und gegebenenfalls Rum unterrühren. Dann Mehl, Kartoffelstärke und Backpulver hinzufügen und unterrühren.
4. Zum Schluss die Ananasstückchen unterheben.
5. Den Teig in die Förmchen füllen. 30 Minuten backen. Auskühlen lassen.
6. Für das Topping ein Viertel der Kokosmilch mit der Kartoffelstärke glatt rühren. Die restliche Kokosmilch aufkochen, die angerührte Stärke hinzufügen und unter Rühren aufkochen lassen. Vom Herd nehmen und den Pudding auskühlen lassen.
7. Kokoscreme, Margarine, Frischkäse und Puderzucker unter den Pudding rühren. Cremig aufschlagen, Kokosflocken unterheben.
8. Die Creme auf die Muffins spritzen. Nach Belieben verzieren und bis kurz vor dem Servieren kalt stellen.

EXTRA-TIPP: Wenn Sie diese Cupcakes glutenfrei herstellen, sollten Sie ½ TL Guarkernmehl unter den Muffinteig rühren, damit dieser eine bessere Konsistenz erhält.

gluten-
frei
laktose-
frei
milch-
frei
nuss-
frei
vege-
tarisch

Ingwer-Schoko-Cupcakes

LOCKERER TEIG MIT FEINER INGWERSCHÄRFE UND ZITRUSAROMA WIRD HIER MIT EINER MÄCHTIGEN, SEHR SCHOKOLADIGEN CREMEHAUBE KOMBINIERT, DIE AN MOUSSE AU CHOCOLAT ERINNERT.

CA. 12 CUPCAKES

FÜR DIE MUFFINS

70 g kandierter Ingwer

3 Eier

1 Prise Salz

80 g Zucker

140 g Margarine

3 EL Rapsöl

75 g (Soja-)Joghurt

30 g Kartoffelstärke

150 g (glutenfreies) Mehl

½ P. Backpulver (!)

FÜR DAS TOPPING

400 ml (Soja-)Sahne

240 g Zartbitterschokolade (!)

30 g gehackter, kandierter Ingwer zum Verzieren

1. Für das Topping die Sahne in einem Topf aufkochen, dann vom Herd nehmen. Die Schokolade in kleine Stücke brechen und in der heißen Sahne schmelzen. Glatt rühren, abkühlen lassen und 90 Minuten kalt stellen.
2. Für den Muffinteig den kandierten Ingwer hacken.
3. Zwei der Eier trennen. Eiweiß mit Salz steif schlagen.
4. Den Backofen auf 160 °C vorheizen. 12 normal große oder 24 Mini-Muffinformen vorbereiten.
5. Eigelb mit Zucker, ganzem Ei, Margarine und Öl schaumig rühren. Joghurt und gehackten Ingwer unterrühren.
6. Kartoffelstärke, Mehl und Backpulver hinzufügen und unterrühren. Dann den Eischnee vorsichtig unterheben.
7. Den Teig auf die Muffinformen verteilen. Mini-Muffins 17 bis 20 Minuten, normal große Muffins 27 bis 30 Minuten backen. Auskühlen lassen.
8. Die Schokosahne auf die Muffins spritzen. Nach Belieben mit kandiertem Ingwer verzieren.

EXTRA-TIPP: Sollte die Schokosahne zu fest zum Spritzen sein, können Sie sie kurz aufschlagen.

gluten-
frei
nuss-
frei
vege-
tarisch

Käseküchlein

DIESE MINI-VARIANTE EINES KÄSEKUCHENS OHNE BODEN IST BESONDERS HÜBSCH ANZUSEHEN, LÄSST SICH NACH BELIEBEN VERZIEREN UND IST ZUM MITBRINGEN HERVORRAGEND GEEIGNET.

CA. 12 KÜCHLEIN

2 Eier

75 g Zucker

Mark von 1 Vanilleschote

abgeriebene Schale von 1 Bio-Zitrone

100 g Margarine

500 g Mager- oder Sahnequark

1 P. Vanillepuddingpulver (!) oder 35 g Kartoffelstärke

15 g (Hirse-)Grieß

nach Belieben Sahne, Puderzucker oder Früchte zum Verzieren

1. Eier mit Zucker, Vanille und Zitronenschale schaumig rühren.
2. Den Backofen auf 175 °C vorheizen. 12 Muffinförmchen vorbereiten.
3. Margarine und Quark unterrühren. Puddingpulver oder Stärke sowie Grieß hinzufügen und alles zu einer glatten Masse verrühren.
4. 30 Minuten backen. Auskühlen lassen. Dann nach Belieben verzieren.

NICHT ERSCHRECKEN! Wie normaler Käsekuchen fallen auch diese Küchlein nach dem Backen gelegentlich etwas in sich zusammen.

gluten-frei laktose-frei milch-frei vege-tarisch

So schmeckt's auch!

Sie können den Kuchen auch als Muffins, in kleinen Blumentöpfen aus Ton oder zum längeren Aufbewahren in Einmachgläsern backen.

Karotten-Tassenkuchen

SOLCHE IN HÜBSCHEN TASSEN GEBACKENEN KLEINEN KUCHEN WERDEN AUCH ALS „MUG CAKE“ BEZEICHNET. DIESE VARIANTE SCHMECKT ZITRONIG-FRISCH, NUSSIG, LOCKER UND SAFTIG – UND IST NOCH LEICHT WARM SCHON SO LECKER, DASS VIELLEICHT KEINE TASSE ZUM VERSCHENKEN ÜBRIG BLEIBT …

3 TASSEN À 300 ML

250 g Karotten

3 Eier

1 Bio-Zitrone

1 Prise Salz

80 g Zucker

1 EL Amaretto (!)

1 TL Kartoffelstärke

180 g gemahlene Mandeln oder Haselnüsse

1. Karotten putzen und fein raspeln. Die Eier trennen. Schale der Zitrone abreiben, Saft auspressen.
2. Eiweiß mit Salz steif schlagen.
3. Den Backofen auf 170 °C vorheizen. Die gewählten Tassen einfetten und nach Belieben mit gemahlenen Mandeln ausstreuen.
4. Eigelb mit Zucker cremig schlagen. Amaretto, Zitronensaft und -schale unterrühren.
5. Kartoffelstärke und gemahlene Mandeln oder Nüsse unterrühren.
6. Dann die Karotten unterrühren und zum Schluss vorsichtig den Eischnee unterheben.
7. Den Teig in die Tassen füllen. 30 bis 35 Minuten backen.

EXTRA-TIPP: Viele Mikrowellen haben eine Backfunktion – dann geht die Zubereitung noch viel schneller! Da Zeiten und Wattzahlen vom Gerät abhängig sind, sollten Sie dazu auf Ihre Erfahrung und die Angaben in der Bedienungsanleitung vertrauen.

gluten-frei laktose-frei milch-frei vege-tarisch

Dekoration!

Den Schokoladenguss der Cakepops können Sie auch mit bunten Zuckerstreuseln, Schokostreuseln, Mandelblättchen oder Kokosflocken bestreuen.

Marzipan-Cakepops

CAKEPOPS SIND „KUCHENLOLLIS", ALSO KLEINE KUCHEN AM STIEL, DIE GERNE AUFWENDIG VERZIERT WERDEN. DABEI KÖNNEN SIE IHRER FANTASIE FREIEN LAUF LASSEN! DIESE CAKEPOP-VARIANTE WIRD OHNE BESONDERE GERÄTE HERGESTELLT.

CA. 16 CAKEPOPS

FÜR DEN TEIG

100 g Marzipan

1 Ei

50 g Zucker

1 Prise Salz

20 g Kartoffelstärke

1 TL Zimt

100 g gemahlene Mandeln

ZUM VERZIEREN

75 g Zartbitterschokolade (!)

8–10 g Kokosfett

16 Holzstiele

25 g Puderzucker (optional)

1 TL Zitronensaft (optional)

1. Für den Teig das Marzipan raspeln.
2. Das Ei mit Zucker und Salz cremig rühren.
3. Kartoffelstärke, Zimt, gemahlene Mandeln und Marzipan unterrühren.
4. Den Backofen auf 160 °C vorheizen. Zwei Backbleche mit Backpapier auslegen.
5. Aus dem Teig 16 Kugeln formen. Mit ausreichend Abstand auf die Backbleche legen. In jede Kugel einen Holzstiel stecken und etwa bis zur Kugelmitte schieben. Wenn die Cakepops später mit Zuckerguss beschriftet werden sollen, die Kugeln mit der Hand etwas flach drücken, sodass dicke Taler entstehen. 15 Minuten backen. Auskühlen lassen.
6. Für den Schokoguss die Schokolade mit dem Kokosfett im Wasserbad schmelzen.
7. Die Cakepops mit dem Schokoguss überziehen. Trocknen lassen. Sofern gewünscht, aus Zitronensaft und Puderzucker einen Zuckerguss rühren. Die Cakepops (je nach Anlass) mit beliebigen Buchstaben, Zahlen oder Mustern verzieren.

EXTRA-TIPP: Wenn Sie keine Holzstiele zur Hand haben, können Sie die Cakepops auch einfach ohne Stiele als Taler oder Kugeln backen.

glutenfrei
laktosefrei
milchfrei
vegetarisch

Kokos-Brownies-Schnitten

BROWNIES SIND EINE SCHOKOLADIGE LECKEREI AUS DEN USA, DIE AUCH HIERZULANDE SEHR BELIEBT IST. DIESE VARIANTE IST NICHT SO MASSIV WIE VIELE ANDERE BROWNIES UND HAT NOCH DAZU EIN LECKERES KOKOS-ZITRUS-AROMA.

- 250 g gemahlene Mandeln
- 50 g Kokosflocken
- 100 g brauner Zucker
- 60 g Kakaopulver
- 1 gestr. TL Natron
- abgeriebene Schale von 1 Bio-Zitrone oder -Orange
- 2 Eier
- 60 ml Wasser
- 60 ml (Soja-, Mandel-, Reis-)Milch
- 100 ml Orangensaft
- 2 EL Kokosflocken zum Ausstreuen der Form (optional)

1. Die trockenen Zutaten in einer Schüssel mischen.
2. Die Eier trennen.
3. Den Backofen auf 180 °C vorheizen. Ein kleines Backblech (ca. 25 mal 27 Zentimeter) mit Backpapier auslegen und gegebenenfalls mit Kokosflocken ausstreuen.
4. Eiweiß steif schlagen.
5. Eigelb mit Wasser, Milch und Saft schaumig rühren.
6. Eigelbmischung mit den trockenen Zutaten verrühren, sodass ein glatter Teig entsteht.
7. Eiweiß unter den Teig heben.
8. Den Teig gleichmäßig auf dem Backblech verteilen. 25 Minuten backen, sodass das Innere der Schnitten noch saftig ist.

EXTRA-TIPP: Die Konsistenz des Teiges wird etwas kompakter, wenn Sie 1 gestr. TL Guarkernmehl unterrühren.

Plätzchen

& Co

gluten-
frei
laktose-
frei
milch-
frei
vege-
tarisch

Bethmännchen

VOR ALLEM, ABER NICHT NUR ZUR WEIHNACHTSZEIT SIND PLÄTZCHEN EIN WILLKOMMENES GESCHENK ODER MITBRINGSEL. BETHMÄNNCHEN SIND EINE GEBÄCKSPEZIALITÄT AUS FRANKFURT AM MAIN.

CA. 25 BETHMÄNNCHEN

1 Ei

60 g gemahlene Mandeln

10 g Kartoffelstärke

150 g Marzipan

1 TL Wasser

100 g blanchierte ganze Mandeln

1. Das Ei trennen. Ein Backblech mit Backpapier auslegen.
2. Eiweiß, gemahlene Mandeln, Kartoffelstärke und Marzipan zu einem glatten Teig verrühren.
3. Aus dem Teig 25 Kugeln formen, unten etwas flach drücken und auf das Backblech setzen.
4. Den Backofen auf 160 °C vorheizen. Eigelb und Wasser verrühren.
5. Die Kugeln mit dem Eigelb bestreichen. Jeweils drei ganze Mandeln im gleichmäßigen Abstand zueinander seitlich in die Kugeln drücken.
6. 10 bis 12 Minuten backen, bis die Bethmännchen goldbraun sind. Auskühlen lassen. In einer luftdicht abschließenden Dose ist dieses Gebäck mehrere Wochen haltbar.

SO SCHMECKT'S AUCH! Mit etwas Zimt oder Rosenwasser können Sie das Aroma noch verfeinern.

gluten-
frei
laktose-
frei
milch-
frei
vege-
tarisch

Kokos-Marzipan-Makronen

EINE SAFTIG-AROMATISCHE VARIATION DER KLASSISCHEN KOKOSMAKRONEN.

CA. 35 MAKRONEN

200 g Marzipan
5 Eiweiß
120 g Puderzucker
2 EL Zitronensaft
200 g Kokosflocken

1. Marzipan reiben. Eiweiß mit Puderzucker sehr steif schlagen.
2. Marzipan mit Zitronensaft und Kokosflocken verrühren. Den Eischnee vorsichtig unterheben, sodass eine einheitliche Masse entsteht.
3. Den Backofen auf 170 °C vorheizen. Zwei Backbleche mit Backpapier auslegen.
4. Mit zwei Teelöffeln von der Makronenmasse etwa 35 kleine Häufchen abstechen und auf die Backbleche setzen. 15 Minuten backen. Auskühlen lassen. In einer luftdicht abschließenden Dose ist dieses Gebäck mehrere Wochen haltbar.

EXTRA-TIPP: Zur Eigelbverwertung eignet sich das Rezept „Zitronenherzen" auf der folgenden Doppelseite.

gluten-frei
laktose-frei
milch-frei
vege-tarisch
Die Zitronenherzen schmecken auch ohne Guss sehr lecker!

Zitronenherzen

EINE ZITRONIG-NUSSIGE LECKEREI, DIE MAN DAS GANZE JAHR ÜBER NASCHEN KANN!

CA. 60 PLÄTZCHEN

FÜR DEN TEIG

5 Eigelb

200 g Puderzucker (+ mehr zum Ausrollen)

300 g gemahlene Mandeln

100 g gemahlene Haselnüsse

1 Prise Salz

abgeriebene Schale von 1 Bio-Zitrone

ZUM VERZIEREN

150 g Puderzucker

4 EL Zitronensaft

Zuckerherzen (optional)

1. Eigelb und Puderzucker schaumig rühren.
2. Mandeln, Nüsse, Salz und Zitronenschale hinzufügen, zu einem glatten Teig verrühren.
3. Den Backofen auf 175 °C vorheizen. Zwei Backbleche mit Backpapier auslegen.
4. Den Teig auf Puderzucker ausrollen. Etwa 60 Herzen ausstechen und auf die Backbleche legen.
5. 8 bis 10 Minuten backen. Auskühlen lassen.
6. Für den Guss Puderzucker mit Zitronensaft verrühren. Die Herzen mit dem Guss bestreichen und nach Belieben mit Zuckerherzen verzieren. Trocknen lassen. In einer luftdicht abschließenden Dose sind diese Herzen mehrere Wochen haltbar.

EXTRA-TIPP: Zur Eiweißverwertung eignet sich das Rezept „Kokos-Marzipan-Makronen“ auf der vorangegangenen Doppelseite.

Wenn Sie ein Stückchen Apfel in die Plätzchendose legen, bleiben die Zitronenherzen schön weich. Achten Sie aber darauf, dass der Apfel nicht schimmelt.

gluten-frei
laktose-frei
milch-frei
eifrei
vege-tarisch
vegan

Florentiner-Schnitten

INSBESONDERE IN SÜDDEUTSCHLAND SIND FLORENTINER EIN TRADITIONELLES WEIHNACHTSGEBÄCK. DIES IST EINE WEICHE VARIANTE, DIE SIE NACH BELIEBEN MIT SCHOKOLADE, GETROCKNETEN APRIKOSEN ODER MANDELN VERZIEREN KÖNNEN.

120 ml (Soja-)Sahne

50 g Margarine

40 g Agavendicksaft oder flüssiger Honig

60 g Zucker

200 g Mandelblättchen

60 g gehackte, getrocknete Aprikosen

50 g Orangeat oder Zitronat

ZUM VERZIEREN

170 g Zartbitterschokolade (!)

20 g Kokosfett

gehackte, getrocknete Aprikosen (nach Belieben)

1. In einem Topf Sahne, Margarine, Honig oder Agavendicksaft und Zucker langsam erhitzen und unter Rühren 5 Minuten köcheln lassen, bis die Flüssigkeit dunkler und dicker wird. Topf vom Herd nehmen.
2. Mandelblättchen, Aprikosen und Orangeat oder Zitronat unterrühren.
3. Den Backofen auf 180 °C vorheizen. Ein Backblech mit Backpapier auslegen.
4. Die Mandelmasse etwa fingerdick auf die Hälfte des Backblechs streichen.
5. 12 bis 15 Minuten backen. Auskühlen lassen.
6. Zartbitterschokolade und Kokosfett im Wasserbad schmelzen.
7. Die Florentinerplatte wenden. Die Unterseite mit Schokolade überziehen. Trocknen lassen.
8. Die Florentinerplatte wieder umdrehen. Die restliche Schokoladen-Kokosfett-Mischung noch einmal schmelzen. Die Vorderseite der Florentinerplatte ganz oder teilweise damit bestreichen. Nach Wunsch mit gehackten Aprikosen bestreuen. Trocknen lassen, dann in kleine Quadrate schneiden. In einer luftdicht abschließenden Dose sind die Schnitten mehrere Wochen haltbar.

EXTRA TIPP: Wenn Sie Zeit und Kalorien sparen möchten, können Sie auf die Schokoladenglasur verzichten oder nur eine Seite mit Schokolade überziehen.

gluten-frei
laktose-frei
milch-frei
vegetarisch

Elisenlebkuchen

DIESE LEBKUCHEN AUS FEINSTEN ZUTATEN KOMMEN GANZ OHNE MEHL AUS. SIE SCHMECKEN SAFTIG, FRUCHTIG, SCHOKOLADIG ... UND EINFACH KLASSE!

CA. 40–45 LEBKUCHEN

FÜR DEN TEIG

5 kleine Eier

200 g Zucker

200 g Marzipan

1 Bio-Zitrone

2 TL Lebkuchengewürz (!)

100 g Zitronat

50 g Orangeat

50 g gehackte getrocknete Aprikosen

200 g gemahlene Haselnüsse

200 g gemahlene Mandeln

100 g gehackte Mandeln

ZUM VERZIEREN

200 g Zartbitterschokolade (!)

20 g Kokosfett

blanchierte Mandeln (optional)

1. Eier, Zucker und Marzipan verrühren, sodass eine cremige Masse entsteht.
2. Zitronenschale abreiben, Saft auspressen. Beides mit der Marzipan-Mischung verrühren.
3. Die übrigen Teigzutaten nach und nach unterrühren.
4. Den Backofen auf 170 °C vorheizen. Zwei Backbleche mit Backpapier auslegen.
5. Mit zwei Teelöffeln 40 bis 45 kleine, flache Häufchen auf das Backpapier setzen.
6. 15 Minuten backen. Auskühlen lassen.
7. Für den Schokoladenüberzug Schokolade und Kokosfett im Wasserbad schmelzen. Die Lebkuchen damit überziehen. Nach Belieben jeweils eine blanchierte Mandel in die Mitte legen. Trocknen lassen. In einer luftdicht abschließenden Dose sind diese Lebkuchen mehrere Wochen haltbar.

gluten-frei · laktose-frei · milch-frei · vegetarisch

CA. 30–40 MACARONS

FÜR DEN BAISERTEIG

180 g gemahlene Mandeln

200 g Puderzucker

30 g Kakaopulver

4 Eiweiß

1 Prise Salz

30 g Zucker

FÜR DIE FÜLLUNG

250 ml (Soja-)Sahne

120 g Zartbitterschokolade (!)

So schmeckt's auch!

Wenn Sie Lebensmittelfarbe und unterschiedliche Füllungen verwenden, können Sie die Macarons geschmacklich und optisch vielfältig abwandeln.

Schoko-Macarons

ALS „MACARONS" WERDEN FEINE, RAFFINIERTE MANDEL-BAISERS MIT FÜLLUNG BEZEICHNET, DIE AUS FRANKREICH STAMMEN. SIE SIND SCHON SEIT DEM MITTELALTER BEKANNT UND HABEN SICH IN DEN LETZTEN JAHREN BEI UNS ZUM TRENDGEBÄCK ENTWICKELT.

1. Gemahlene Mandeln und Puderzucker zusammen sehr fein mahlen. Dann Kakaopulver unterrühren.
2. Eiweiß mit der Prise Salz sehr steif schlagen, dabei langsam den Zucker einrieseln lassen.
3. Vorsichtig nach und nach die Mandel-Kakao-Puderzucker-Mischung unter den Eischnee heben. Der Baiserteig hat eine dicke, schaumige und klebrige Konsistenz.
4. Drei Backbleche mit Backpapier auslegen.
5. Den Baiserteig mithilfe eines Spritzbeutels mit glatter Lochtülle als kleine Tupfen auf die Backbleche spritzen. Dabei etwas Abstand zwischen den Tupfen lassen, da der Teig noch etwas auseinanderläuft. So entstehen – je nach Größe – 60 bis 80 Tupfen.
6. Die Baisertupfen etwa 45 Minuten trocknen lassen. Den Backofen auf 150 °C vorheizen.
7. 12 bis 14 Minuten backen. Aus dem Ofen holen, 3 Minuten abkühlen lassen, dann die Baisers vorsichtig vom Backpapier lösen und umdrehen, damit die Unterseite trocknen kann. Vollständig auskühlen lassen.
8. Für die Füllung die Sahne in einem Topf erhitzen, bis sie kurz aufkocht, dann vom Herd nehmen. Die Schokolade in Stücke brechen und unter Rühren in der heißen Sahne schmelzen. Abkühlen lassen und 2½ bis 3 Stunden kalt stellen. Dabei gelegentlich umrühren.
9. Die Unterseite eines Baisers vorsichtig mit der Füllung bestreichen, dann die Unterseite eines zweiten Baisers obendrauf setzen. Auf diese Weise immer jeweils zwei Baisers mit der Füllung zusammensetzen.
10. Mehrere Stunden kalt stellen, damit die Füllung fest wird. In einer luftdicht abschließenden Dose im Kühlschrank bis zu einer Woche aufbewahren.

EXTRA-TIPP: Zur Eigelbverwertung eignet sich das Rezept „Zitronenherzen" auf Seite 171.

Danksagung

Die Idee zu diesem Buch entstand gut zwei Jahre vor der Abgabe des Manuskripts, während ich an den beiden Bänden „Genuss ohne Gluten" und „Garantiert glutenfrei genießen" arbeitete. Ich stellte fest, dass außer mir immer mehr Freunde und Bekannte kulinarische Mitbringsel selbst herstellten und ihre Freude am Experimentieren in der Küche entdeckten. Da ich schon immer gern in der Küche aktiv war, erweiterte ich mein „Repertoire" nun auch in diese Richtung – und war von den enthusiastischen Rückmeldungen sehr positiv überrascht. Als meine Anmerkung, ich könne mir vorstellen, ein Buch über kulinarische Geschenke zu schreiben, in der Redaktion von Books4Success sofort begeistert aufgenommen wurde, stand fest, dass ich in den nächsten Monaten jeden Anlass nutzen würde, um eine vielfältige Bandbreite an Anregungen zu sammeln, Rezepte zu kreieren, auszuprobieren, zu verfeinern, zusammenzustellen, zu fotografieren und zu Papier zu bringen.

Nun ist das Buch fertig und macht hoffentlich vielen Menschen Freude. An dieser Stelle möchte ich mich bei all jenen bedanken, die mich bei der Entstehung meines Buches auf die eine oder andere Weise unterstützt haben:

bei meinen zahlreichen Testessern und Freunden, die mir viele Gelegenheiten geboten haben, mich kulinarisch „auszutoben", und dankbare Abnehmer meiner Experimente waren. Euer Lob hat mich angespornt, die konstruktive Kritik hat mir bei der Verfeinerung geholfen, und der freundschaftliche Austausch mit Euch tut generell gut! Ein herzliches Dankeschön geht insbesondere an Jürgen, Chris, Martin und Beate, Joachim und Ulrike, Juliane, Ulla, Claudia, Dorothea, Horst Günther, Bea, Anne-Laure und Stephan, Martin, Conny und Jörg.

beim Team von Books4Success, allen voran bei Hildegard Brendel, die von Anfang an von diesem Projekt überzeugt war und mit der ich seit vielen Jahren sehr angenehm, freundschaftlich, kreativ und konstruktiv zusammenarbeite.

bei meinem Lebensgefährten Jürgen, der in der Regel mein erster Testesser und Ansprechpartner ist, mir immer wieder mit Verbesserungsvorschlägen hilft und mich generell auf vielfältige Weise unterstützt.

bei all jenen, die direkt oder indirekt Rezeptideen beigesteuert und mich durch ihre geschmacklichen Vorlieben inspiriert haben.

bei den Lesern meines Blogs www.genussohnegluten.de und meiner Bücher „Genuss ohne Gluten" und „Garantiert glutenfrei genießen" für viel Lob, hilfreiche Hinweise und kreative Anregungen.

Über die Autorin

Zu Beginn meines Studiums erhielt ich die Diagnose Zöliakie. Hinzu kamen im Laufe der Zeit verschiedene Folgeerscheinungen wie beispielsweise Laktoseintoleranz und diverse Allergien. Auch wenn es nicht immer einfach war, habe ich durch meine Lust am kulinarischen Experimentieren gelernt, mit den verschiedenen Einschränkungen umzugehen und die damit verbundenen Herausforderungen anzunehmen.

Bei meinen Büchern ist ein ganz entscheidender Punkt, dass ich anderen Betroffenen helfen und ihre Lebensqualität verbessern möchte. Besonders wichtig ist mir, den Genuss in den Vordergrund zu stellen: Alles soll so lecker schmecken, dass der nötige Verzicht auf bestimmte Nahrungsbestandteile gar nicht auffällt. Und besonders schön ist es, wenn Personen ohne Ernährungseinschränkungen begeistert zugreifen und gar nicht merken, dass sie gerade etwas Glutenfreies essen.

Inzwischen ernähre ich mich seit über 20 Jahren glutenfrei und wohne mit meinem Lebensgefährten in Marburg. Ich bin als selbstständige Diplom-Übersetzerin, freie Journalistin und Autorin tätig. Ein Schwerpunkt meiner Arbeit liegt auf Büchern im Bereich Ernährung und Gesundheit. „Ich bring' was mit" ist nach „Glutenfrei essen bei Zöliakie/Sprue" (Falken, 1998), „Genuss ohne Gluten" (books4success, 2015) und „Garantiert glutenfrei genießen" (books4success, 2016) mein viertes eigenes Buch zum Thema Ernährung und Zöliakie; auch in meinem Blog beschäftige ich mich mit dem glutenfreien Leben. Nebenberuflich arbeite ich als Jin Shin Jyutsu-Praktikerin außerdem in einem Heilberuf. Und meine Freizeit widme ich bevorzugt meinen Freunden, dem Gesang, Brett- und Kartenspielen.

Ich wünsche Ihnen eine Menge Freude mit diesem Buch, viel Erfolg bei Ihren kulinarischen Experimenten und guten Appetit!

Birgit Irgang

Entscheidungshilfen

Die Rezepte dieses Buches sind nach Rubriken geordnet, um Ihnen eine Orientierung zu bieten: Was eignet sich als Beitrag für ein kaltes Büffet? Was kann ich zum Tee mitbringen? Welche haltbaren, pikanten und süßen Geschenkideen gibt es? Oder wo finde ich Süßigkeiten und Pralinenkreationen? Hier sind als Entscheidungshilfen darüber hinaus einige Vorschläge für Geschenke zu bestimmten Anlässen oder unter besonderen Bedingungen zusammengestellt.

Jederzeit schnell gemacht

Auf Vorrat hergestellt – immer ein Geschenk zur Hand!

Geschenke für Hobbyköche und Küchenfeen

Besonders raffiniert

Passt fast immer

Rezept-Index mit Allergenkennzeichnung

	Seite	glutenfrei	laktosefrei	milchfrei	nussfrei	eifrei	vegetarisch	vegan
Salzmandeln	92	•	•	•		•	•	•
Schafskäseaufstrich mit Oliven	130	•	•		•	•	•	
Schoko-Avocado-Torte	142	•	•	•		•	•	•
Schoko-Karamellen	94	•	•	•	•	•	•	•
Schoko-Kokos-Creme	68	•	•	•	•	•	•	•
Schoko-Kokos-Kuchen im Glas	52	•	•	•	•		•	
Schokolikör	118	•	•	•	•	•	•	•
Schoko-Macarons	176	•	•	•			•	
Schoko-Nuss-Creme	66	•	•	•		•	•	•
Sesam-Käse-Ecken	106	•	•		•		•	
Tapenade	134	•	•	•	•	•		
Thunfischcreme	132	•			•	•		
Tortillawürfel	124	•	•	•	•		•	
Vanillezucker	62	•	•	•	•	•	•	•

272 Seiten,
mit vielen farbigen Abbildungen
broschiert
19,99 [D] / 20,59 [A]
ISBN: 978-3-864700-280-8

Birgit Irgang:
Genuss ohne Gluten

Birgit Irgang ist selbst an Zöliakie erkrankt und ernährt sich seit mehr als 20 Jahren glutenfrei. Ihre über 100 Koch- und Backrezepte haben trotz »glutenfrei« nichts mit Verzicht zu tun. Ganz im Gegenteil – ob Pizza, Brot, Kuchen, raffinierte Torten, Weihnachtsplätzchen oder Muffins: Diese glutenfreien Köstlichkeiten bieten vollen Geschmack und sind dabei noch gesund.

BOOKS4SUCCESS

Bildnachweise

Alle Fotos stammen von Shutterstock, außer:

Birgit Irgang: Seite 18, 22, 30, 54, 80, 84, 86, 90, 92, 96, 98, 102, 106, 108, 124, 130, 132, 134, 136, 142, 144, 146, 148, 154, 158, 172, 181

Fotolia: Seite 166, 174